# Last minute
## LOW CARB

# Last minute

# LOW CARB

## Blitzschnelle Rezepte
## nur für mich

CHRISTIAN

# Inhalt

# Theorie

# Low Carb – so funktioniert's

Sie möchten sich vernünftiger ernähren und ganz nebenbei ein paar Pfunde loswerden? Dazu müssen Sie kein ausgeklügeltes Ernährungskonzept befolgen, aber ein paar Dinge wissen.

## Was bedeutet Low Carb?

»Carb« ist die Abkürzung für den englischen Begriff carbohydrates, zu Deutsch Kohlenhydrate. »Low Carb« steht für eine Ernährungsweise, bei der der Anteil kohlenhydrathaltiger Lebensmittel zugunsten von eiweißreichen reduziert wird. Dabei kommt es entscheidend auf die Wahl der richtigen Kohlenhydrate an. Sie sollen keinesfalls »no carbs« zu sich nehmen, also komplett auf Kohlenhydrate verzichten, sondern lediglich die schnell verwertbaren Kohlenhydrate meiden.

## Die Rolle des Insulins

Insulin ist ein körpereigenes Hormon, das dafür zuständig ist, unseren Blutzuckerspiegel konstant zu halten und die Energiespeicher in unserem Körper zu managen. Wenn wir etwas Kohlenhydratreiches essen, lässt das den Blutzuckerspiegel ansteigen. Nun wird Insulin ausgeschüttet, um ihn wieder zu regulieren. Der sinkende Blutzuckerspiegel signalisiert unserem Körper »Hunger!«. Wir essen also wieder und setzen damit einen fatalen Kreislauf in Gang. Der überschüssige Zucker, der nicht unmittelbar z. B.

für sportliche Bewegung gebraucht wird, wird in Fettpölsterchen eingelagert. Noch schlimmer: Das Insulin verhindert zudem den Fettabbau. Das ist der Grund, warum Diäten, die in erster Linie auf Kalorienzählen und Fettreduzierung bauen, meist nicht wirklich funktionieren.

## Gute und schlechte Kohlenhydrate

»Carbs« sind neben Eiweiß und Fett in ganz vielen Lebensmitteln enthalten. Hoch konzentriert aber findet man sie in Getreideprodukten wie Brot, Müsli und Nudeln, außerdem in Kartoffeln, Reis und Zucker. Die darin enthaltenen Kohlenhydrate sind vom Körper sehr schnell verwertbar und lösen den oben beschriebenen Insulin-Effekt aus.

Auch Gemüse enthält Kohlenhydrate, allerdings solche, die vom Körper langsam abgebaut werden und unseren Organismus außerdem mit wertvollen Vitaminen, Mineralstoffen und Ballaststoffen versorgen. In Verbindung mit einer Portion Eiweiß aus Fisch, Fleisch, Eiern oder Tofu entstehen ideale Gerichte, die den Blutzuckerspiegel stabil halten und die lange satt machen.

Obst enthält zwar viel schnell verwertbaren Fruchtzucker, aber auch jede Menge Vitalstoffe. Ein bis zwei Portionen Obst pro Tag sind also durchaus in Ordnung. Wählen Sie am besten zuckerarme Sorten wie Beeren, Kiwis oder säuerliche Äpfel.

## Vorsicht bei Fertigprodukten!

Die Rezepte in diesem Buch kommen mit wenigen guten Zutaten aus und sind schnell gemacht. Wer trotzdem nicht immer selbst kochen kann oder mag und auf Fertigprodukte zurückgreift, sollte besonders auf der Hut sein! Es gibt zahlreiche hochverarbeitete Lebensmittel, die jede Menge Stärke, Zucker und Salz enthalten. Lesen Sie immer aufmerksam die Zutatenliste und merken sich die Faustregel: Je kürzer diese ist, desto besser. Wenn häufig die Worte Dextrose, Maltose und andere Inhaltsstoffe, die auf -ose enden, vorkommen, Finger weg! Dahinter verbirgt sich schnell verwertbarer Zucker, der die gefürchteten Heißhungerattacken auslöst.

## Essenspausen

Kleine Fehler steckt unser Körper locker weg. Aber Sie wissen ja: Wer sich dauerhaft ungesund ernährt, riskiert Übergewicht, Diabetes und Schlimmeres. Ein wenig auf vitalstoffreiche und kohlenhydratarme Kost zu achten, lohnt sich also. Noch ein kleiner Tipp: Halten Sie zwischen den Mahlzeiten Pausen von mindestens 5 Stunden ein und naschen Sie möglichst nicht zwischendurch. So kann Ihr Körper alles richtig verdauen, bevor die nächste Mahlzeit auf ihn zukommt. Verzichten Sie vor allem abends konsequent auf Kohlenhydrate, so kommt der Fettabbau in Gang und die Pfunde purzeln über Nacht wie von selbst.

# Was kommt auf den Teller?

Es ist im Alltag leichter als Sie denken, ungesunde Kohlenhydrate einzusparen. Sie haben die freie Auswahl unter zahlreichen leckeren Lebensmitteln, die ganz und gar nicht an Verzicht denken lassen.

## Eiweiß

Setzen Sie bei jeder Mahlzeit eiweißreiche Lebensmittel auf den Speisenplan. Mit magerem Fleisch, Fisch und Meeresfrüchten lassen sich jede Menge schneller Low-Carb-Gerichte zubereiten. Wenn unter der Woche keine Zeit ist, sie frisch zu besorgen, legen Sie einen kleinen Vorrat auf Eis. Fürs Abendessen holen Sie dann morgens das Fischfilet oder die Schnitzel aus dem Gefrierfach, legen sie auf einen Teller und lassen sie zugedeckt im Kühlschrank langsam auftauen. Auch Milch- und Sojaprodukte wie Quark, Ricotta, Käse und Tofu sind eine gute Proteinbasis. Das Gleiche gilt für Eier. Sie sind vielseitig kombinierbar, sättigend und nahezu kohlenhydratfrei.

## Hülsenfrüchte

Eine besondere Rolle kommt bei der Low-Carb-Ernährung den Hülsenfrüchten zu. Linsen, Bohnen, Kichererbsen und Co. enthalten zwar Kohlenhydrate, aber auch reichlich pflanzliches Eiweiß und Ballaststoffe. Das bedeutet, dass sie vom Körper langsam verwertet werden, ohne den Insulinspiegel negativ zu beeinflussen. So machen Suppen, Salate und Eintöpfe mit Hülsenfrüchten satt und halten lange vor. Getrocknete Bohnen und Kichererbsen muss man allerdings vor dem Kochen etwa 24 Stunden einweichen. Für die schnelle Last-Minute-Küche greifen Sie also am besten auf vorgegarte Produkte aus dem Glas oder aus der Dose zurück. Oder Sie garen sie an einem freien Tag selber vor und frieren sie portionsweise ein. Besonders gut geeignet für die spontane Lust auf ein schnelles Hülsenfruchtgericht sind Linsen, speziell die kleinen roten. Sie haben eine kurze Garzeit und nach 15 Minuten steht ein leckeres Süppchen auf dem Tisch.

## Gemüse, Gemüse und nochmals Gemüse

In der Gemüseabteilung können Sie nach Herzenslust zugreifen: Zucchini, Karotten, Blumenkohl, Brokkoli, Paprikaschoten, Aubergine, Fenchel und vieles mehr lassen sich auf vielerlei Art mit Eiweißprodukten kombinieren und immer wieder anders zubereiten. Als Ersatz für Nudeln sollten Sie unbedingt mal Zucchini-Spaghetti oder anderes mit dem Spiralschneider in Nudeln verwandeltes Gemüse probieren (s. S. 92–95). Sie schmecken natürlich nicht nur in der dort gezeigten Kombination mit Fisch und Meeresfrüchten, sondern ebenso vegetarisch mit Pesto oder Tomatensauce oder als Beilage zu Fleischgerichten. Lassen Sie sich von den Rezepten auf

den kommenden Seiten zu eigenen Ideen und Kombinationen inspirieren. Dann werden Sie bald über ein umfangreiches Repertoire an leckeren Low-Carb-Rezepten ohne Nudeln, Reis oder Kartoffeln verfügen.

## Low Carb statt »no carb«

Es ist nichts dagegen einzuwenden, hin und wieder der Lust auf Pizza oder Pasta nachzugeben. Tun Sie das aber am besten mittags, legen danach eine fünfstündige Essenspause ein und genießen abends wieder ein leckeres Low-Carb-Gericht. So hat Ihr Körper Zeit, alles gut zu verdauen.

## Lieber nicht

Was Sie wirklich weitestgehend meiden sollten, sind hochverarbeitete Produkte aus Weißmehl und Zucker. Wie schon beschrieben lassen sie den Blutzuckerspiegel hochschnellen, der dann ebenso schnell abfällt. In Kürze haben Sie wieder Hunger und die zusätzlichen Kalorien landen umgehend auf den Hüften. Genießen Sie bei Lust auf Naschereien also ein Stück Obst oder lassen Sie ein Stückchen dunkle Schokolade (mindestens 70 % Kakaogehalt) auf der Zunge zergehen. Statt Kartoffelchips schmecken Gemüsechips oder Papadam (knusprig aufgebackene Linsenfladen aus dem Asia-Laden).

# Vorräte – das können Sie immer zu Hause haben

Sie haben sich entschlossen, in Ihrer Ernährung im Alltag künftig weniger Kohlenhydrate zu verwenden? Keine Sorge, mit diesen Vorräten kommt der Genuss nicht zu kurz und Sie haben immer das Nötigste für schnelle und gesunde Gerichte im Haus.

## Gemüse

Karotten, Zucchini, Paprikaschoten, Blumenkohl, Frühlingszwiebeln, Fenchel und viele andere Gemüsesorten halten im Gemüsefach des Kühlschranks mindestens vier bis fünf Tage frisch. Nehmen Sie also beim Wocheneinkauf Ihre Lieblingssorten mit, dann können Sie einige Tage aus den Vollem schöpfen.

## Im Tiefkühlfach

Blattspinat, Erbsen und Asia-Gemüse warten im aromaschonenden Kälteschlaf auf ihren Einsatz. Kaufen Sie ungewürztes, pures Gemüse, dann können Sie selber nach Herzenslust mit Gewürzen und Kräutern variieren. Fertigsaucen enthalten nämlich oft reichlich Zucker und Stärke. Aus TK-Beeren zaubern Sie im Nu ein leckeres Dessert.

## Aus der Kühltheke

Mit abgepacktem Tofu und Schinken, mit geräucherter Forelle und geräuchertem Lachs lässt sich rasch etwas Tolles zaubern. Außerdem sollten Sie immer Eier im Kühlschrank haben.

## Aus Glas und Dose

Für die schnelle Küche wählen Sie vorgegarte Kichererbsen und Bohnen aus der Dose. Außerdem sollten Sie immer eine Dose Kokosmilch für eine schnelle Suppe oder ein Curry parat haben. Mit Oliven, Kapern und getrockneten Tomaten bringen Sie Geschmack in Ihre Gerichte.

## Joghurt, Käse und Co.

Milchprodukte enthalten viel Eiweiß und sind dabei kohlenhydratarm. Joghurt, Quark und Käse gehören also unbedingt

in Ihren Vorrat. Wählen Sie aber die puren Varianten ohne Früchtezubereitung und Zuckerzusatz. Schauen Sie im Zweifelsfalle immer genau auf die Zutatenliste!

## Nüsse und Samen

Pinienkerne, Walnusskerne, Haselnusskerne, Mandelkerne, Kürbiskerne und Sesamsamen enthalten wertvolle Öle und veredeln mit feiner Würze und knackigem Biss Salate, Suppen, Gemüse, Fleisch und Fisch. Sie halten in gut schließenden Gläsern, kühl und dunkel aufbewahrt, bis zu einem Jahr.

## Gut gewürzt

Halten Sie neben den üblichen Verdächtigen (Gemüsebrühe, Salz und Pfeffer) unbedingt ein paar exotische Gewürze bereit: Kurkuma, Kreuzkümmel, Koriander und Co. bringen raffinierte Würze in Ihre Speisen. Neue Geschmackserlebnisse sind garantiert. Wer sie nicht ohnehin im Repertoire hat, sollte sich zunächst kleine Mengen davon zulegen. Ebenfalls immer zu Hause haben sollten Sie je eine unbehandelte Zitrone und Orange – etwas abgeriebene Schale davon verleiht vielen Gerichten den letzten Schliff.

## Frische Kräuter

Etwas frisches Grün ist das geschmackliche und optische i-Tüpfelchen auf vielen Gerichten. Basilikum, Thymian, Minze und Co. gedeihen ganzjährig auf der Küchenfensterbank. Wer Kräuter lieber im Bund kauft, wickelt sie in ein angefeuchtetes Küchenpapier und gibt das Bündel in einen Gefrierbeutel. Darin bleiben die Kräuter im Gemüsefach des Kühlschranks vier bis fünf Tage frisch.

## Zum Süßen

Zucker, Honig und Co. lassen den Insulinspiegel schlagartig in die Höhe schnellen und ebenso rasch wieder absinken. Das löst die berüchtigten Heißhungerattacken aus. Wer diese vermeiden will, greift auf Agaven- oder Birnendicksaft oder auf Kokosblütenzucker zurück. Eines davon sollten Sie zum Süßen immer im Haus haben.

# Low Carb unterwegs

Zu Hause fällt es meist relativ leicht, Kohlenhydrate zu meiden. Im Arbeitsalltag und beim Essengehen aber lauern diverse Verlockungen. Gut, wenn Sie auf diese Situationen vorbereitet sind.

## In der Kantine

Bestellen Sie Fleisch oder Fisch immer ohne Panade und Sauce. Dazu gibt es statt Nudeln, Reis oder Kartoffeln eine doppelte Portion Gemüse. Auch an der Salattheke können Sie zugreifen. Machen Sie den Salat am besten selber mit Essig und Öl an, denn fertige Dressings enthalten oft reichlich Zucker und Stärke. Wenn das nicht möglich ist, bringen Sie sich etwas von zu Hause mit. Viele der Gerichte in diesem Buch lassen sich ausgezeichnet mitnehmen und gegebenenfalls aufwärmen.

## Kaffeepause

Genießen Sie eine Latte macchiato oder einen schönen Cappuccino mit Milchschaum oder Sahnehaube. Um die süßen Verlockungen der Kuchentheke sollten Sie besser einen großen Bogen machen. Damit Sie nicht schwach werden, sollten Sie immer ein paar Nüsse, ein paar Trockenfrüchte oder ein kleines Stückchen dunkle Schokolade bei sich haben.

## Fastfood

Dönerfleisch mit Salat und Joghurtdressing schmecken auch ohne Fladenbrot. Gegen Würstchen mit Senf ist nichts einzuwenden, gegen Burger-Patties mit Coleslaw auch nicht, Brötchen und Pommes sind allerdings tabu. Die Currywurst sollten Sie sich verkneifen, denn die Sauce ist wahrscheinlich eine Zuckerbombe. Zum Grillhähnchen wählen Sie statt Kartoffelsalat lieber Kraut- oder Möhrensalat.

## Im Asia-Imbiss ...

... können Sie bei allen Suppen zugreifen, die Salate sind auch in Ordnung. Bei den Currys sollten Sie auf den Reis verzichten. Auch bei Sushi kommt jede Menge Reis zum Einsatz, da sollten Sie besser Zurückhaltung üben. Die Sommerrollen mit Gemüse, Garnelen und Omelettstreifen aber können Sie sich bedenkenlos schmecken lassen. Vorsicht: Viele Asia-Dips sind ziemlich zuckerreich, da ist die einfache Mischung aus Fischsauce, Limettensaft und Chili die bessere Wahl.

## Im Restaurant

In der traditionellen heimischen Küche können Sie sich zum Beispiel einen Salat mit Eiern, Schinken- und Käsestreifen bestellen. Bitten Sie aber um ein Dressing,

das frei von Zucker ist. Schnitzel, Braten und Fisch sind willkommen, vorausgesetzt, sie kommen ohne Panade und angedickte Sauce auf den Tisch. Statt Kartoffeln, Nudeln oder Reis bestellen Sie ein doppelte Portion Gemüse.

Beim Italiener und in anderen mediterranen Küchen gibt es meist eine wunderbare Auswahl an Antipasti, Tapas oder Meze. Bei gebratenem Gemüse, leckeren Kleinigkeiten aus Fisch und Meeresfrüchten, Salaten mit Hülsenfrüchten und Käse können Sie nach Herzenslust zugreifen. Bei Weißbrot, Pasta, Risotto und Co. sollten Sie stark bleiben und lieber gegrillten Fisch mit knackigem Salat oder feinem Gemüse bestellen. Zum Dessert gibt es frische Früchte oder Käse und Nüsse.

Rezepte

# Vorspeisen & Snacks

# Tomatensalat
## mit Kräuter-Quark-Küchlein

🕐 25 Minuten | Für 2 Personen

150 g Magerquark
1 Ei (Größe M)
2 EL fein gehackte Kräuter
  (z. B. Petersilie, Schnittlauch,
  Thymian)
1 EL geriebener Parmesan
1 EL Semmelbrösel
Salz
frisch gemahlener
  schwarzer Pfeffer
frisch geriebene Muskatnuss
etwas Abrieb von 1 unbehandelten Zitrone
3 EL Olivenöl
4 Strauchtomaten
2 EL Weißweinessig
1–2 Stängel Basilikum

**1.** Den Quark in einem feinen Sieb abtropfen lassen. Das Ei trennen und das Eiweiß zu Schnee schlagen. Eigelb mit Quark, Kräutern, Parmesan und Semmelbröseln verrühren und mit Salz, Pfeffer, Muskat und Zitronenschale würzen. Den Eischnee unterheben.

**2.** In einer beschichteten Pfanne 1 EL Öl erhitzen. Aus der Quarkmasse sechs Nocken mit einem Esslöffel abstechen und mit etwas Abstand in die Pfanne setzen. Dann jeweils plattdrücken. Von jeder Seite etwa 2 Minuten backen.

**3.** Die Tomaten waschen und kleinschneiden, dabei den Blütenansatz entfernen. In einer Schüssel mit Salz, Pfeffer, Essig und dem übrigen Olivenöl mischen. Das Basilikum abbrausen und trockenschütteln, die Blätter zerzupfen und hinzufügen. Den Salat zu den Kräuter-Quark-Küchlein servieren.

## Variante Salatpäckchen mit Kräuter-Quark-Küchlein

🕐 - 5 Minuten
6 große Kopfsalatblätter
2 TL mittelscharfer Senf
2 TL Mayonnaise

Die Kräuter-Quark-Küchlein wie oben beschrieben zubereiten. Die Salatblätter waschen und trockenschleudern. Senf und Mayonnaise verrühren und etwas davon in die Mitte der Blätter geben. Jeweils ein Küchlein daraufgeben, einwickeln und sofort servieren.

# Karottensalat
## mit Mozzarella & Orangendressing

🕐 25 Minuten | Für 2 Personen

1 Packung Mini-Mozzarellakugeln (150 g)
½ unbehandelte Orange
Salz
etwas Cayennepfeffer
1 TL Agavendicksaft
3 EL Olivenöl
400 g Karotten
2 rote Spitzpaprika
2 Frühlingszwiebeln
1–2 Stängel frische Minze

**1.** Die Mini-Mozzarellakugeln in einem Sieb abtropfen lassen. Die Orangenhälfte heiß abwaschen und trockentupfen, erst die Schale fein abreiben, dann den Saft auspressen. Beides in eine Schüssel geben und mit je 1 kräftigen Prise Salz und Cayennepfeffer würzen. Mit dem Agavendicksaft verrühren und das Öl unterschlagen. Die Mozzarellakugeln hinzufügen und etwa 10 Minuten darin marinieren.

**2.** Inzwischen die Karotten schälen und grob raspeln. Die Paprikaschoten putzen, waschen und in feine Streifen schneiden. Die Frühlingszwiebeln putzen, waschen und in feine Ringe schneiden. Die Minze abbrausen, trockenschütteln und die Blätter zerzupfen.

**3.** Die Mozzarellakugeln aus der Marinade nehmen. Karotten, Paprika, Frühlingszwiebeln und Minze in die Schüssel zur Marinade geben und gut durchmischen. Den Karottensalat mit Salz abschmecken und zum Servieren mit den Mozzarellakugeln auf zwei Tellern anrichten.

## Variante Tomatensalat mit Trauben & Mozzarella

🕐 -5 Minuten
200 g Kirschtomaten
150 g kernlose Trauben
2 EL geröstete Mandelstifte

Die Mozzarellakugeln wie oben beschrieben marinieren. Kirschtomaten und Trauben waschen und halbieren. Tomaten und Trauben statt dem anderen Gemüse in die Marinade geben, gut mischen und mit den Mozzarellakugeln in zwei Schalen geben. Mit den Mandelstiften bestreut servieren.

# Eichblattsalat
## mit Birne & Blauschimmelkäse

🕐 10 Minuten | Für 2 Personen

½ Kopf Eichblattsalat
2 kleine reife Birnen
1 EL Zitronensaft
80 g Blauschimmelkäse
6 Walnusskerne
2 EL Himbeeressig
1 TL grobkörniger Senf
1 EL Preiselbeeren
  (aus dem Glas)
3 EL Walnussöl
  (alternativ Olivenöl)
Salz | frisch gemahlener
  schwarzer Pfeffer

**1.** Den Salat waschen, in mundgerechte Stücke zupfen, trockenschleudern und auf zwei Tellern anrichten. Die Birnen vierteln, schälen, vom Kerngehäuse befreien, in Spalten schneiden und darauf verteilen. Den Zitronensaft über die Birnen träufeln. Den Käse in Flöckchen zupfen und darauf anrichten. Die Walnüsse grob hacken und darüberstreuen.

**2.** Essig, Senf, Preiselbeeren, Öl und je 1 kräftige Prise Salz und Pfeffer verquirlen und über die Salate verteilen.

## Variante Eichblattsalat mit warmem Ziegenkäse

🕐 + 10 Minuten

1 Zucchini
100 g Ziegenweichkäserolle
  (40 % Fettgehalt)
4 EL Olivenöl
100 g Kirschtomaten
2 EL Weißweinessig
2 EL Pinienkerne, geröstet

**1.** Die Zucchini waschen und in zehn schräge Scheiben schneiden. Den Ziegenkäse ebenfalls in zehn Scheiben schneiden. Die Zucchini in einer Grillpfanne mit 1 EL Öl auf einer Seite anbraten, bis sie bräunen. Dann salzen und pfeffern, wenden und die Käsescheiben auflegen. Den Käse zugedeckt bei geringer Temperatur in 2–3 Minuten leicht schmelzen lassen.

**2.** Den Salat wie oben beschrieben vorbereiten. Die Kirschtomaten waschen, halbieren und statt der Birnenspalten auf dem Salat verteilen. Für das Dressing das restliche Öl mit dem Weißweinessig und dem Senf mischen, salzen und pfeffern. Statt Blauschimmelkäse die Zucchini-Ziegenkäse-Scheiben auf die Salate geben und die gerösteten Pinienkerne darüberstreuen.

**Tipp** Falls Sie keinen Ricotta bekommen,
können Sie stattdessen auch gut abgetropften
Sahnequark verwenden.

# Trevisano

## mit Orangen-Pinienkern-Ricotta

🕐 20 Minuten | Für 2 Personen

2 EL Pinienkerne
½ unbehandelte Orange
2–3 Zweige Thymian
1 TL Agavendicksaft
150 g Ricotta
Salz
frisch gemahlener
  schwarzer Pfeffer
2 Stauden Radicchio
  di Trevisano
2 EL Olivenöl

**1.** Die Pinienkerne in einer kleinen beschichteten Pfanne ohne Fettzugabe goldbraun rösten und abkühlen lassen. Die Orangenhälfte heiß abwaschen, trockentupfen und die Schale mit einem Zestenreißer in feinen Spänen abziehen. Anschließend den Saft auspressen. Den Thymian abbrausen und trockenschütteln, die Blättchen abstreifen und fein hacken.

**2.** Die Pinienkerne grob hacken. Mit Agavendicksaft, Thymian, Orangenzesten und 2 EL Orangensaft unter den Ricotta rühren und mit Salz und Pfeffer abschmecken.

**2.** Die Trevisano-Stauden waschen, trockentupfen und längs teilen. Im Öl in einer beschichteten Pfanne von jeder Seite 2–3 Minuten braten. Mit dem übrigen Orangensaft ablöschen und bei hoher Temperatur die Flüssigkeit einkochen lassen. Den Trevisano salzen und auf zwei Teller geben. Den Orangen-Pinienkern-Ricotta dazu servieren.

## Variante Chicorée mit Schinken & Orangen-Pinienkern-Ricotta

🕐 ± 0 Minute
2 Stauden Chicorée
4 Scheiben Serrano-Schinken

Statt des Trevisanos den Chicorée waschen, trockentupfen, längs teilen und jede Hälfte mit einer Scheibe Schinken umwickeln. Wie beschreiben im Öl braten und mit Orangensaft ablöschen. Zum Servieren leicht pfeffern und mit dem Orangen-Pinienkern-Ricotta anrichten.

# Avocado-Tatar
## mit Zucchini & Tomaten

🕐 25 Minuten | Für 2 Personen

2 kleine Zucchini (à 100 g)
3 kleine Strauchtomaten
1 reife Avocado
2 EL Zitronensaft
½ Bund Koriander
2 EL Olivenöl
Salz
frisch gemahlener
  schwarzer Pfeffer
1 kleine Prise Zucker

**1.** Eine Zucchini waschen, den Stielansatz entfernen und den Rest sehr fein würfeln. Eine Tomate waschen, quer halbieren, die Samen und den Blütenansatz entfernen und die Hälften ebenso fein würfeln. Die Avocado halbieren, entsteinen, schälen und das Fruchtfleisch fein würfeln. Sofort mit dem Zitronensaft mischen, damit die Avocado nicht braun wird.

**2.** Den Koriander abbrausen und trockenschütteln. Ein paar Blättchen für die Deko zurückbehalten, den Rest fein hacken. Zucchini-, Tomaten- und Avocadowürfel mit dem Koriander und 1 EL Öl mischen. Mit Salz, Pfeffer und Zucker würzen.

**3.** Die zweite Zucchini in Scheiben schneiden und im übrigen Öl in einer Grillpfanne braten. Die übrigen Tomaten waschen, halbieren, den Blütenansatz entfernen und die Hälften in Scheiben schneiden. Im Wechsel mit den Zucchinischeiben auf zwei Tellern anrichten, salzen und pfeffern. Das Avocado-Tatar darauf anrichten und mit Korianderblättchen garnieren.

## Variante Thunfischtatar mit Zucchini & Tomaten

🕐 ± 0 Minuten
150 g sehr frisches Thunfischfilet (Sushi-Qualität)
2–3 EL Limettensaft

Das Tatar wie oben beschrieben zubereiten, dabei die Avocado durch Thunfisch ersetzen. Dazu das Thunfischfilet kalt abbrausen, mit Küchenpapier trockentupfen und in ganz kleine Würfel schneiden. Mit dem Limettensaft mischen und das Tatar wie oben beschrieben fertigstellen. Das Thunfischtatar mithilfe eines Servierrings auf den Tellern anrichten.

**Tipp** Wer mag, kann die Tomate für das Avocado-Tatar vorher mit kochendem Wasser überbrühen und häuten.

# Aubergine
## mit Walnuss-Kräuter-Pesto

🕐 25 Minuten | Für 2 Personen

½ Aubergine (ca. 150 g)
Salz
je 1 Bund Petersilie und
  Koriander
1 kleine Knoblauchzehe
30 g Walnusskerne
4 EL Olivenöl
frisch gemahlener
  schwarzer Pfeffer
$1/3$ TL gemahlene
  Bockshornkleesamen
etwas Abrieb von 1 unbehandelten Zitrone

**1.** Die Aubergine waschen und in zehn 0,5 cm dicke Scheiben schneiden. Mit etwas Salz bestreuen und etwa 10 Minuten Wasser ziehen lassen.

**2.** Inzwischen für das Pesto die Kräuter abbrausen, trockenschütteln und ohne die Stiele hacken. Den Knoblauch abziehen und zerkleinern. Die Walnüsse grob hacken. Alles mit 2 EL Olivenöl mit dem Pürierstab fein pürieren und mit Salz, Pfeffer, Bockshornkleesamen und Zitronenschale abschmecken.

**3.** Die Auberginenscheiben trockentupfen und im übrigen Öl in einer Grillpfanne von beiden Seiten braten. Mit dem Walnuss-Kräuter-Pesto zu Türmchen stapeln und lauwarm servieren.

## Variante Aubergine mit Petersilien-Hummus

🕐 ± 0 Minuten
120 g Kichererbsen (Dose)
1 TL Tahin (Sesampaste,
  Asia-Laden)
1 EL Zitronensaft
$1/3$ TL gemahlener Kreuzkümmel
2 EL gehackte Petersilie
etwas Cayennepfeffer

**1.** Die Auberginen wie oben beschrieben vorbereiten. Die Kichererbsen in einem Sieb abspülen und gut abtropfen lassen. Mit Tahin, Knoblauch, Zitronensaft und Kreuzkümmel fein pürieren, dabei 2–3 EL kaltes Wasser hinzufügen, sodass eine cremige Masse entsteht. Die Petersilie unterrühren und mit Salz und Cayennepfeffer abschmecken.

**2.** Die Auberginenscheiben wie oben beschrieben braten und mit dem Petersilien-Hummus zu Türmchen schichten.

# Schinken

## mit Gurken-Apfel-Relish

🕐 15 Minuten | Für 2 Personen

1 Stück Salatgurke
  (ca. 10 cm)
½ grüner Apfel
½–1 große rote Chilischote
1 Frühlingszwiebel
2–3 Stängel Zitronenmelisse
2 EL Limettensaft
Salz
1 Prise Zucker
2 EL Rapskernöl
200 g aufgeschnittener
  Kochschinken

**1.** Das Gurkenstück waschen, längs halbieren, die Kerne entfernen und das Fruchtfleisch fein würfeln. Die Apfelhälfte waschen, vom Kerngehäuse befreien und fein würfeln. Die Chilischote längs aufschneiden, putzen, die Samen entfernen und die Hälften fein hacken. Die Frühlingszwiebel putzen, waschen und in feine Ringe schneiden. Die Zitronenmelisse abbrausen und trockenschütteln, die Blätter fein hacken.

**2.** Den Limettensaft mit 1 Prise Salz, Zucker, Chili und Öl verquirlen. Gurke, Apfel, Frühlingszwiebel und Zitronenmelisse untermischen.

**3.** Den Schinken dekorativ auf zwei Tellern anrichten und das Gurken-Apfel-Relish dazu servieren.

**Tipp** Statt des Apfels können Sie auch 2 EL Granatapfelkerne unter das Relish mischen.

## Variante Putenbrust mit Mango-Relish

🕐 ± 0 Minuten
1 kleine, feste Mango
½ Bund Koriander nach
  Belieben
200 g Putenbrustaufschnitt

**1.** Die Mango schälen, das Fruchtfleisch vom Stein schneiden und fein würfeln. Das Relish wie oben beschrieben zubereiten, dabei Gurke und Apfel durch Mango ersetzen. Nach Belieben die Zitronenmelisse durch Koriandergrün ersetzen.

**2.** Den Putenbrustaufschnitt auf zwei Tellern anrichten und mit dem Mango-Relish garnieren.

# Sommerrollen
## mit Garnelen & Tamarinden-Dip

🕐 20 Minuten | Für 2 Personen

1 Knoblauchzehe
1 Stück Ingwer (2 cm)
2 EL Tamarinden-Paste
  (aus dem Glas, Asia-Laden)
2 EL Limettensaft
3 EL helle Sojasauce
1 TL brauner Zucker
Chiliflocken
1 kleiner Eisbergsalat (100 g)
1 Karotte
1 Stück Salatgurke
  (ca. 12 cm)
1 Bund Koriander
10 Reispapierblätter
  (20 cm Ø, Asia-Laden)
150 g gegarte Garnelen
  (Party-Gambas aus der
  Kühltheke)

**1.** Für den Tamarinden-Dip den Knoblauch abziehen und den Ingwer schälen. Beides fein reiben. Mit Tamarinden-Paste, Limettensaft, Sojasauce, Zucker und 4 EL Wasser verrühren und mit Chiliflocken abschmecken.

**2.** Salat waschen, trockenschleudern und in feine Streifen schneiden. Karotte schälen und in streichholzdünne Stifte schneiden oder hobeln. Gurke waschen und in feine Streifen schneiden. Koriandergrün abbrausen, trockenschütteln und die Blätter abzupfen.

**3.** Die Reispapierblätter jeweils etwa 10 Sekunden in lauwarmes Wasser tauchen und auf einem sauberen Stoffküchentuch ausbreiten. Jeweils etwas Salat, Karotte und Gurke in die Mitte geben und quer verteilen. Drei Garnelen darauflegen, ½ TL Tamarinden-Dip und etwas Koriandergrün darüber verteilen. Das Reispapierblatt aufrollen, dabei die Seiten einschlagen. Mit dem übrigen Tamarinden-Dip servieren.

## Variante Sommerrollen mit Omelett-Streifen

🕐 + 5 Minuten
1 EL geröstete, gesalzene
  Erdnusskerne
2 Eier
2 EL helle Sojasauce
1 TL neutrales Öl

**1.** Die Erdnüsse im Mörser grob zerstoßen und unter den Tamarinden-Dip rühren.

**2.** Die Eier mit der Sojasauce verquirlen und in heißem Öl in einer Pfanne zu einem Omelett braten. Abgekühlt in feine Streifen schneiden. Die Sommerrollen wie oben beschrieben fertigstellen, dabei die Garnelen durch das Omelett ersetzen.

# Roastbeef-Rolls
## mit Kaperncreme & Gemüsestreifen

🕐 20 Minuten | Für 2 Personen

1 Karotte
1 Stück Spitzkohl (ca. 50 g)
2 EL Kapern (aus dem Glas)
1 hartgekochtes Ei
½ Bund Schnittlauch
2 EL Salatmayonnaise
  (30 % Fettgehalt)
1 TL mittelscharfer Senf
Salz
frisch gemahlener
  schwarzer Pfeffer
200 g aufgeschnittenes
  Roastbeef

**1.** Die Karotte schälen und in streichholzdünne Streifen schneiden oder hobeln. Den Spitzkohl putzen, waschen und in ebenso feine Streifen schneiden.

**2.** Die Kapern abtropfen lassen und fein hacken. Das Ei pellen und ebenfalls fein hacken. Den Schnittlauch abbrausen, trockenschütteln und in feine Röllchen schneiden. Alles mit der Mayonnaise und dem Senf verrühren und mit Salz und Pfeffer abschmecken.

**3.** Auf jede Roastbeef-Scheibe einen kleinen Klecks Kaperncreme geben und darauf verteilen. Ein paar Gemüsestreifen quer darauflegen und die Scheiben aufrollen. Die Roastbeef-Röllchen auf einer Platte anrichten.

**Tipp** Die Röllchen schmecken auch mit dünn geschnittenem kaltem Kalbsbraten sehr lecker.

## Variante Roastbeef-Rolls mit Thunfisch-Mayo

🕐 ± 0 Minuten

1 kleine Dose Thunfisch
  (naturell, 56 g Abtropfgewicht)
½ kleine Staude Trevisano
  oder Chicorée

**1.** Den Thunfisch in einem Sieb abtropfen lassen, mithilfe einer Gabel zerpflücken und statt des gehackten Eis unter die Mayonnaise mischen.

**2.** Trevisano oder Chicorée waschen, trockentupfen und statt der Karotte und dem Spitzkohl in Streifen schneiden. Die Röllchen wie oben beschrieben fertigstellen.

# Rindfleischsalat
## mit Kürbiskern-Dressing

🕐 15 Minuten | Für 2 Personen

400 g gekochtes Rindfleisch
1 rote Zwiebel
2 Frühlingszwiebeln
2 Essiggurken
3 EL Weißweinessig
Salz
frisch gemahlener
  schwarzer Pfeffer
je 2 EL Rapskern- und
  Kürbiskernöl
1 Romana-Salatherz
1 EL Schnittlauchröllchen

**1.** Das Rindfleisch quer zur Faser in Scheiben und diese in Streifen schneiden. Die Zwiebel abziehen, längs halbieren und in feine Spalten schneiden. Die Frühlingszwiebeln putzen, waschen und schräg in feine Ringe schneiden. Die Essiggurken klein würfeln.

**2.** Den Essig mit je einer kräftigen Prise Salz und Pfeffer verrühren und die beiden Ölsorten unterschlagen. Die vorbereiteten Zutaten aus Punkt 1 untermischen und kurz durchziehen lassen.

**3.** Den Salat waschen, in mundgerechte Stücke zupfen, trockenschleudern und auf zwei Teller geben. Den Rindfleischsalat darauf anrichten und den Schnittlauch darüberstreuen.

## Variante Asiatischer Rindfleischsalat

🕐 ± 0 Minuten
1 kleine gelbe Paprika
½–1 große grüne Chilischote
½ Bund Koriandergrün
1–2 Stängel frische Minze
2 EL Limettensaft

**1.** Den Rindfleischsalat wie oben beschrieben vorbereiten. Dabei die Essiggurke durch Paprika ersetzen. Dazu die Paprikaschote putzen, waschen und in feine Streifen schneiden. Die Chilischote längs aufschneiden, putzen, die Samen entfernen und die Hälften fein hacken. Die Kräuter abbrausen, trockenschütteln und die Blättchen fein hacken.

**2.** Für das Dressing den Limettensaft mit Salz, Pfeffer und Rapskernöl verquirlen. Unter die vorbereiteten Zutaten für den Rindfleischsalat mischen und wie oben beschrieben auf einem Salatbett anrichten.

# Suppen, Eintöpfe & Currys

# Gurkensuppe
## mit Pfeffermakrele

 15 Minuten | Für 2 Personen

1 Salatgurke
1 Knoblauchzehe
½ unbehandelte Zitrone
½ Bund Dill
500 ml Buttermilch
100 g Schmand
2 EL Leinöl
Salz
frisch gemahlener
  schwarzer Pfeffer
1 geräuchertes Pfeffer-
  makrelenfilet (ca. 100 g)

**1.** Die Gurke waschen oder schälen und grob raspeln. Den Knoblauch abziehen. Die Zitronenhälfte heiß abwaschen, trockentupfen und die Schale fein abreiben. Anschließend den Saft der Zitrone auspressen. Den Dill abbrausen, trockenschütteln, die Stiele entfernen und den Rest fein hacken. Etwas davon zum Dekorieren beiseitestellen.

**2.** Zwei Drittel der Gurkenraspel mit Buttermilch, Schmand, Knoblauch, Zitronensaft, -schale und Leinöl im Mixer (oder in einem hohen Gefäß mit dem Pürierstab) fein pürieren. Die übrigen Gurkenraspel und den Dill unterrühren und mit Salz und Pfeffer abschmecken. Kalt stellen.

**3.** Die Suppe durchrühren und in zwei große Schalen gießen. Das Pfeffermakrelenfilet häuten, in mundgerechte Stücke zerpflücken und darauf verteilen. Mit Dill dekoriert servieren.

## Variante Gurkensuppe mit Walnüssen

 + 0 Minuten
2 EL Walnussöl
30 g Walnusskerne

Die Suppe wie oben beschrieben zubereiten. Dabei das Leinöl durch Walnussöl ersetzen. Die Walnüsse grob hacken und zum Servieren statt der Makrele auf die Suppe geben.

# Fischsuppe
## mit Tomaten-Knoblauch-Mayo

🕐 25 Minuten | Für 2 Personen

1 kleine Knolle Fenchel
1 kleine Zucchini
300 g weißes Fischfilet (z. B. Kabeljau oder Seelachs)
4 getrocknete Tomaten (in Öl)
1 Knoblauchzehe
1 EL Mayonnaise
Salz
etwas Cayennepfeffer
400 ml Fischfond (aus dem Glas)
1 TL Tomatenmark
1 Prise Kurkuma
1 Handvoll Basilikumblätter

**1.** Den Fenchel putzen, waschen, längs halbieren, den Strunk entfernen und die Hälften in dünne Spalten schneiden. Die Zucchini waschen, längs halbieren und ohne den Stielansatz in Scheiben schneiden. Das Fischfilet kalt abbrausen, mit Küchenpapier trockentupfen und in Würfel schneiden.

**2.** Die Tomaten abtropfen lassen und fein würfeln. Den Knoblauch abziehen und fein hacken. Beides im Mörser zu einer feinen Paste zerstoßen. Mit der Mayonnaise verrühren und mit Salz und Cayennepfeffer abschmecken.

**3.** Fischfond mit Tomatenmark und Kurkuma in einem Topf aufkochen lassen. Gemüse dazugeben und etwa 3 Minuten köcheln lassen. Fisch hinzufügen und in etwa 3 Minuten bei geringer Temperatur gar ziehen lassen. Die Suppe auf Schalen verteilen und jeweils einen Klecks Tomaten-Knoblauch-Mayonnaise sowie Basilikumblätter daraufgeben. Heiß servieren.

## Variante Asia-Fischsuppe

🕐 – 5 Minuten
1 walnussgroßes Stück frischer Ingwer
250 g TK-Asia-Gemüse
etwa 2 EL Sojasauce
1–2 TL Limettensaft
1 Handvoll Korianderblätter

**1.** Ingwer schälen und Knoblauch abziehen. Beides fein hacken. Mit dem Fischfond (ohne Tomatenmark und Kurkuma) aufkochen lassen. Das Asia-Gemüse (statt Fenchel und Zucchini) und Fisch wie beschrieben hinzufügen und garen.

**2.** Die Fischsuppe mit Sojasauce und Limettensaft abschmecken und mit Koriandergrün garniert servieren.

# Selleriesuppe
## mit Knusperspeck

🕐 25 Minuten | Für 2 Personen

1 Knolle Sellerie (ca. 400 g)
1 kleine Zwiebel
½ unbehandelte Zitrone
1 EL Rapskernöl
400 ml Gemüsebrühe
½ Bund Petersilie
4 Streifen Bacon
1 EL Crème fraîche
Salz
frisch gemahlener
  schwarzer Pfeffer
frisch geriebene Muskatnuss

**1.** Den Sellerie schälen und würfeln. Die Zwiebel abziehen und fein hacken. Die Zitronenhälfte abwaschen und in Scheiben schneiden, bei Bedarf die Kerne entfernen.

**2.** Das Öl in einem kleinen Suppentopf erhitzen und die Zwiebel darin anbraten. Sellerie und Zitrone hinzufügen und 1 Minute mitbraten. Mit der Gemüsebrühe ablöschen, aufkochen und bei mittlerer Temperatur zugedeckt etwa 15 Minuten kochen lassen.

**3.** Inzwischen die Petersilie abbrausen und trockenschütteln, fein hacken. Den Bacon in einer beschichteten Pfanne von beiden Seiten knusprig braten.

**4.** Die Zitronenscheiben aus der Suppe entfernen und diese mit dem Pürierstab fein pürieren. Crème fraîche und gehackte Petersilie unterrühren und mit Salz, Pfeffer und Muskat abschmecken. Zum Servieren die Suppe auf zwei Schalen verteilen und den Bacon darüberbröseln. Heiß servieren.

## Variante Selleriesuppe mit Petersilien-Knoblauch-Gremolata

🕐 ± 0 Minuten
1 Knoblauchzehe
Zesten von ½ unbehandelten
  Zitrone

**1.** Die Suppe wie oben beschrieben zubereiten. Den Knoblauch abziehen und fein hacken.

**2.** Die Petersilie nicht unter die Suppe rühren, sondern mit Knoblauch und Zitronenzesten durchhacken. Die Suppe in Schalen geben und die Gremolata statt des Bacons aufstreuen.

# Zucchinisuppe
## mit wachsweichen Eiern

🕐 20 Minuten | Für 2 Personen

400 g Zucchini
1 kleine Zwiebel
1 Knoblauchzehe
2 EL Rapskernöl
2–3 Zweige frischer Thymian
400 ml Gemüsebrühe
3 Eier
Salz
frisch gemahlener
  schwarzer Pfeffer
1 EL gehackte Petersilie

**1.** Die Zucchini waschen und in Scheiben schneiden, den Stielansatz dabei entfernen. Die Zwiebel und den Knoblauch abziehen und fein hacken.

**2.** Öl in einem kleinen Suppentopf erhitzen. Zwiebel und Knoblauch darin in 1 Minute glasig anschwitzen. Thymian abbrausen, trockenschütteln, mit den Zucchinischeiben in den Topf geben und 1 Minute mitbraten. Mit der Brühe ablöschen, aufkochen und etwa 10 Minuten bei mittlerer Temperatur köcheln lassen.

**3.** Inzwischen die Eier in kochendem Wasser in 6–7 Minuten wachsweich kochen.

**4.** Den Thymian aus der Suppe entfernen und diese mit dem Pürierstab fein pürieren. Mit Salz und Pfeffer abschmecken. Die Eier pellen und halbieren. Die Suppe in zwei tiefe Teller geben und jeweils 3 Eihälften hineinsetzen. Mit Petersilie bestreut servieren.

## Variante Zucchinisuppe mit Haselnusstofu

🕐 ± 0 Minuten
1 EL Schmand
120 g schnittfester Tofu
8–10 Haselnusskerne
1 zusätzlichen EL Rapskernöl

**1.** Die Suppe wie oben beschrieben zubereiten, dabei den Thymian weglassen. Vor dem Pürieren und Abschmecken den Schmand hinzufügen.

**2.** Den Tofu in 1 cm große Würfel schneiden. Die Haselnüsse grob hacken. Den Tofu im Öl anbraten. Nüsse und Petersilie dazugeben und alles unter Rühren etwa 2 Minuten braten. Die Suppe anrichten und die Tofumischung anstatt der Eier daraufgeben.

# Rote-Bete-Suppe
## mit Kardamomsahne

🕐 20 Minuten | Für 2 Personen

250 g gegarte Rote Bete
  (vakuumverpackt)
1 Schalotte
1 EL Butterschmalz
3 EL Wermut
300 ml Gemüsebrühe
100 g TK-Himbeeren
Salz
frisch gemahlener
  schwarzer Pfeffer
75 g süße Sahne
¼ TL gemahlener Kardamom

**1.** Die Rote Bete (mit Einmalhandschuhen) würfeln. Die Schalotte abziehen und fein hacken.

**2.** Das Butterschmalz in einem kleinen Suppentopf erhitzen und die Schalotte darin anschwitzen. Die Rote Bete und den Wermut dazugeben und 1 Minute köcheln lassen. Die Brühe angießen, aufkochen und etwa 10 Minuten bei mittlerer Temperatur köcheln lassen.

**3.** Die Himbeeren hinzufügen, die Suppe fein pürieren und mit Salz und Pfeffer abschmecken. Bei geringer Temperatur erneut erwärmen. Inzwischen die Sahne steif schlagen und gemahlenen Kardamom unterziehen. Die Suppe auf zwei Schalen verteilen und mit der Kardamomsahne toppen.

### Variante Rote-Bete-Suppe mit Meerrettich

🕐 + 5 Minuten
1 EL Meerrettich-Frischkäse
1 TL frisch geriebener
  Meerrettich
½ Beet Kresse

**1.** Die Suppe wie oben beschrieben (ohne Himbeeren) zubereiten. Vor dem Pürieren den Meerrettich-Frischkäse hinzufügen.

**2.** Die Sahne schlagen und Meerrettichraspel unterziehen. Die Suppe in Schalen füllen, Meerrettichsahne daraufgeben und Kresse darüberstreuen.

# Karottensuppe
## mit Kokos & Ingwer

🕐 25 Minuten | Für 2 Personen

300 g Karotten
1 kleine Zwiebel
1 Knoblauchzehe
1 Stück frischer Ingwer
  (2 cm)
1 TL Butterschmalz
1 Prise Chiliflocken
200 ml ungesüßte Kokos-
  milch
250 ml Gemüsebrühe
Saft und Abrieb von ½ unbehandelten Zitrone
Salz
1 EL Schnittlauchröllchen

**1.** Die Karotten schälen und in Scheiben schneiden. Zwiebel und Knoblauch abziehen, Ingwer schälen und alles fein hacken.

**2.** Das Butterschmalz in einem kleinen Suppentopf erhitzen. Zwiebel, Knoblauch und Ingwer darin 1 Minute unter Rühren anbraten. Die Karotten und Chiliflocken dazugeben und unter Rühren mitbraten. Mit Kokosmilch und Gemüsebrühe ablöschen, aufkochen und etwa 15 Minuten bei mittlerer Temperatur köcheln lassen.

**3.** Zitronensaft und -abrieb zur Suppe geben. Die Suppe mit dem Pürierstab fein pürieren und mit Salz abschmecken. Zum Servieren auf zwei Schalen verteilen und mit Schnittlauch garniert heiß servieren.

## Variante Kürbis-Orangen-Cremesuppe

🕐 ± 0 Minuten

300 g Kürbisfleisch (ohne
  Schale, Fasern und Kerne)
400 ml Gemüsebrühe
200 ml frisch gepresster
  Orangensaft
etwas Abrieb von einer unbehandelten Orange
etwas Cayennepfeffer
2 TL Kürbiskerne, geröstet

**1.** Das Kürbisfleisch würfeln und mit Zwiebel, Knoblauch, und Ingwer im Butterschmalz anbraten. Mit der Brühe ablöschen und etwa 15 Minuten zugedeckt garen.

**2.** Orangensaft und -schale zur Suppe geben. Diese fein pürieren und erwärmen. Mit Salz und Cayennepfeffer abschmecken und mit den Kürbiskernen bestreut servieren.

# Gemüsesuppe
## mit Kalbfleischbällchen

🕐 30 Minuten | Für 2 Personen

2–3 Karotten
1 Zucchini
4 Frühlingszwiebeln
400 ml Gemüsebrühe
1 TL Tomatenmark
1 Knoblauchzehe
200 g Kalbshackfleisch
Salz
frisch gemahlener
  schwarzer Pfeffer

**1.** Die Karotten schälen und in Scheiben schneiden. Die Zucchini waschen, längs halbieren und in Scheiben schneiden. Die Frühlingszwiebeln putzen, waschen und den weißen Teil in etwa 3 cm große Stücke, das Grün in feine Scheiben schneiden.

**2.** Die Brühe mit dem Tomatenmark in einem Topf erhitzen. Den Knoblauch abziehen und dazupressen. Karotten, das Weiß der Frühlingszwiebeln und Zucchini dazugeben und etwa 10 Minuten zugedeckt bei geringer Temperatur köcheln lassen.

**3.** Hackfleisch kräftig salzen und pfeffern und verkneten. Aus der Masse zehn Bällchen formen, in die Suppe legen und bei geringer Temperatur in etwa 5 Minuten gar ziehen lassen. Die Suppe mit Salz und Pfeffer würzen und mit Frühlingszwiebelgrün bestreut servieren.

## Variante Gemüsesuppe mit Zitronengras & Garnelen

🕐 ± 0 Minuten
1 Stängel Zitronengras
½–1 rote Chilischote
150 g küchenfertige Garnelen
  (frisch oder TK und
  aufgetaut)
2–3 EL helle Sojasauce
1 EL Limettensaft

**1.** Das Zitronengras von äußeren harten Blättern befreien, das untere weiche Drittel fein hacken. Die Suppe wie oben beschrieben zubereiten, dabei das Tomatenmark durch das Zitronengras ersetzen. Die Chilischote längs aufschneiden, putzen, die Samen entfernen, die Hälften fein hacken und hinzufügen.

**2.** Die Garnelen kalt abbrausen, mit Küchenpapier trockentupfen und statt der Hackbällchen in die Suppe geben. In etwa 3 Minuten gar ziehen lassen. Die Suppe mit Sojasauce und Limettensaft würzen.

# Linseneintopf
## mit Spinat & Chili-Joghurt

🕐 30 Minuten | Für 2 Personen

1 Zwiebel
1 Knoblauchzehe
1 walnussgroßes Stück
  frischer Ingwer
1 EL Butterschmalz
120 g grüne Puy-Linsen
500 ml heiße Gemüsebrühe
150 g griechischer Joghurt
Salz
1 Prise Chiliflocken
150 g Babyspinat
etwas Abrieb von 1 unbehandelten Zitrone

**1.** Zwiebel und Knoblauch abziehen, Ingwer schälen und alles fein hacken. Im Butterschmalz in einem Topf anschwitzen. Die Linsen dazugeben und mit der heißen Brühe ablöschen. Etwa 20 Minuten köcheln lassen, dabei gelegentlich umrühren.

**2.** Inzwischen den Joghurt mit etwas Salz und Chiliflocken anrühren. Den Spinat waschen, verlesen und abtropfen lassen.

**3.** Den Spinat unter die Linsen rühren und diese in weiteren 5 Minuten fertig garen. Mit Salz und Zitronenschale abschmecken. In zwei Schalen geben und mit dem Chili-Joghurt toppen.

**Tipp** Kochen Sie das Wasser für die Gemüsebrühe bereits im Wasserkocher auf, dann geht es schneller.

## Variante Linseneintopf mit Karotte & Staudensellerie

🕐 +0 Minuten

1 Karotte
1 Stange Sellerie
frisch gemahlener
  schwarzer Pfeffer
1–2 EL Zitronensaft
1 EL gehackte Petersilie

**1.** Die Karotte schälen und fein würfeln. Die Selleriestange waschen, eventuell störende Fäden entfernen und ebenfalls fein würfeln.

**2.** Karotte und Sellerie mit Zwiebel und Knoblauch anbraten. Die Linsen dazugeben, mit der Brühe ablöschen und in etwa 25 Minuten bissfest kochen. Mit Salz, Pfeffer und Zitronensaft abschmecken und mit Petersilie bestreut servieren.

# Gemüsetopf
## mit roten Linsen

🕐 25 Minuten | Für 2 Personen

2–3 Karotten
1 Stange Lauch
1–2 Pastinaken
1 Zwiebel
1 Knoblauchzehe
2 EL Rapskernöl
400 ml heiße Gemüsebrühe
70 g rote Linsen
Salz
frisch gemahlener
  schwarzer Pfeffer
frisch geriebene Muskatnuss
1 EL gehackte Petersilie

**1.** Die Karotten schälen und in Scheiben schneiden. Den Lauch längs aufschneiden, gründlich waschen und in dicke Ringe schneiden. Die Pastinake(n) schälen und würfeln. Zwiebel und Knoblauch abziehen und fein hacken.

**2.** Das Öl in einem Schmortopf erhitzen, Zwiebel und Knoblauch darin 1 Minute anbraten. Das Gemüse hinzugeben und 1 Minute mitbraten. Die Brühe angießen und den Gemüsetopf etwa 5 Minuten zugedeckt köcheln lassen.

**3.** Die Linsen einstreuen und alles etwa 10 Minuten weiterköcheln lassen, bis die Linsen gar sind, aber noch nicht zerfallen. Mit Salz, Pfeffer und Muskat abschmecken und mit Petersilie bestreut servieren.

## Variante Gemüsetopf mit Kalbfleisch

🕐 + 5 Minuten
300 g Kalbsgulasch
250 ml Kalbsfond
  (aus dem Glas)
etwas Abrieb einer unbehandelten Zitrone
1 EL Schnittlauchröllchen

**1.** Das Gemüse wie oben beschrieben vorbereiten. Das Kalbsgulasch mit Zwiebel und Knoblauch im Öl anbraten. Mit der Hälfte des Kalbsfonds ablöschen und etwa 15 Minuten zugedeckt schmoren lassen.

**2.** Das Gemüse hinzufügen, übrigen Fond zugießen und weitere 10 Minuten köcheln lassen. Vor dem Servieren mit Salz, Pfeffer und Zitronenschale abschmecken. Mit Schnittlauchröllchen bestreut servieren.

# Blumenkohl-Curry
## mit Hähnchen

🕐 30 Minuten | Für 2 Personen

150 g TK-Erbsen
200 g Hähnchenbrustfilet
300 g Blumenkohl
1 Zwiebel
1 Knoblauchzehe
1 Stück frischer Ingwer
  (ca. 2 cm)
1 EL Butterschmalz
Salz
1 TL Madras-Currypulver
100 g süße Sahne

**1.** Die Erbsen antauen lassen. Das Hähnchenbrustfilet kalt abbrausen, mit Küchenpapier trockentupfen und in 2 cm große Würfel schneiden. Den Blumenkohl in kleine Röschen teilen und waschen. Zwiebel und Knoblauch abziehen, Ingwer schälen und alles fein hacken.

**2.** In einer Schmorpfanne ½ EL Butterschmalz erhitzen. Das Hähnchenfleisch darin etwa 2 Minuten anbraten. Mit Salz und etwas Currypulver würzen und herausnehmen.

**3.** Das übrige Butterschmalz zum Bratensatz in die Pfanne geben. Zwiebel, Knoblauch und Ingwer darin 2–3 Minuten unter Rühren anbraten. Blumenkohl und übriges Currypulver dazugeben und 1 Minute mitbraten. Mit 100 ml Wasser ablöschen, salzen und zugedeckt etwa 5 Minuten dünsten.

**4.** Erbsen, Sahne und Hähnchenfleisch zum Blumenkohl geben, wieder aufkochen lassen und etwa 10 Minuten bei geringer Temperatur zugedeckt garen und heiß servieren.

## Variante Blumenkohl-Curry mit Tofu

🕐 ± 0 Minuten
200 g schnittfester Tofu

Den Tofu abtropfen lassen und in 1 cm große Würfel schneiden. Das Curry wie beschrieben zubereiten, dabei das Hähnchenfleisch durch den Tofu ersetzen.

# Thai-Curry
## mit Kürbis & Brokkoli

🕐 25 Minuten | Für 2 Personen

300 g Kürbisfleisch (ohne
  Schale, Fasern und Kerne)
1 Zwiebel
1 Dose Kokosmilch (400 ml)
1–2 TL rote Thai-Currypaste
  (Asien-Laden)
6 Kaffirlimettenblätter
  (Asien-Laden)
2–3 EL helle Sojasauce
250 g Brokkoliröschen
2–3 EL Limettensaft
1/2 TL Kokosblütenzucker
½ Bund Koriandergrün

**1.** Den Kürbis 2 cm groß würfeln. Die Zwiebel abziehen, längs halbieren und die Hälften in Spalten schneiden.

**2.** Die ungeschüttelte Kokosmilchdose öffnen, 3 EL der oberen dicken Kokossahne in den Wok (oder eine Schmorpfanne) geben und erhitzen. Die Currypaste unterrühren und etwa 2 Minuten bei mittlerer Temperatur köcheln lassen. Zwiebel und Kürbis dazugeben und kurz garen. Dann die übrige Kokosmilch angießen. Die Limettenblätter abbrausen, die Blattränder einreißen und mit 2 EL Sojasauce dazugeben. Etwa 5 Minuten köcheln lassen.

**3.** Inzwischen die Brokkoliröschen waschen, trockentupfen und in Scheiben schneiden. Zum Curry geben und 5–7 Minuten mitköcheln lassen. Mit Limettensaft, Kokosblütenzucker und übriger Sojasauce abschmecken. Die Limettenblätter entfernen. Das Koriandergrün abbrausen, trockenschütteln und die Blättchen darauf streuen. Heiß servieren.

## Variante Thai-Curry mit Paprika & Bambussprossen

🕐 ± 0 Minuten

1 rote Paprika
150 g Bambussprossen (aus
  dem Glas, Asia-Laden)

**1.** Die Paprikaschote putzen, waschen und in Streifen schneiden. Die Bambussprossen abtropfen lassen und ebenfalls in Streifen schneiden.

**2.** Das Curry wie oben beschrieben zubereiten und statt des Brokkolis Paprika- und Bambusstreifen hinzufügen.

# Lammtopf
## mit Masala-Joghurt

 30 Minuten | Für 2 Personen

250 g Lammfleisch
(Schulter oder Keule)
1 Zwiebel
1 Knoblauchzehe
1 walnussgroßes Stück
Ingwer
1 Karotte
1 kleine Dose Kichererbsen
(265 g Abtropfgewicht)
2 EL Olivenöl
1 TL Tomatenmark
Salz
Chiliflocken
100 ml Gemüsebrühe
150 g Joghurt
½ TL Masala-Pulver (Ge-
würzmischung, Asia-Laden)
1 TL Zitronensaft

**1.** Das Lammfleisch kalt abbrausen, mit Küchenpapier trockentupfen und in 2 cm große Würfel schneiden. Zwiebel und Knoblauch abziehen, Ingwer schälen und alles fein hacken. Die Karotte schälen und in Scheiben schneiden. Die Kichererbsen durch ein Sieb abgießen, kalt abbrausen und abtropfen lassen.

**2.** In einem Topf 1 EL Öl erhitzen und das Fleisch darin etwa 2 Minuten anbraten. Zwiebel, Knoblauch, Ingwer und Tomatenmark dazugeben und 1 Minute unter Rühren mitbraten. Mit Salz und Chiliflocken würzen. Karotte und Kichererbsen unterrühren. Mit der Brühe ablöschen, aufkochen und zugedeckt bei mittlerer Temperatur etwa 15 Minuten schmoren lassen.

**3.** Inzwischen den Joghurt mit Masala, Zitronensaft, übrigem Öl und 1 Prise Salz verrühren. Den Lammtopf in zwei tiefe Teller oder Schalen geben und mit dem Masala-Joghurt garniert servieren.

## Variante Gemüseeintopf mit Kreuzkümmeljoghurt

 ± 0 Minuten

2 Karotten
1 Zucchini
1 TL gemahlener Kreuz-
kümmel

**1.** Karotten schälen und in Scheiben schneiden. Die Zucchini waschen, den Stielansatz entfernen, längs halbieren und in Scheiben schneiden. Den Eintopf wie oben beschrieben jedoch ohne das Fleisch zubereiten. Zucchini, Karotten und Kichererbsen zum Eintopf geben. Mit ½ TL Kreuzkümmel würzen.

**2.** Den übrigen Kreuzkümmel unter den Joghurt rühren und den Gemüseeintopf damit servieren.

Vegetarisch

# Parmesan-Omelett
## mit grünem Spargel

🕐 25 Minuten | Für 2 Personen

300 g grüner Spargel
2 Frühlingszwiebeln
1 Knoblauchzehe
4 Eier (Größe M)
Salz
frisch gemahlener
  schwarzer Pfeffer
2 EL Dinkelmehl
½ TL Weinsteinbackpulver
2 EL frisch geriebener
  Parmesan
1 EL gehackte Petersilie
2 EL Rapskernöl

**1.** Den Spargel im unteren Drittel schälen und schräg in etwa 0,5 cm dicke Stücke schneiden. Die Frühlingszwiebeln putzen, waschen und – den weißen und grünen Teil getrennt – in feine Ringe schneiden. Den Knoblauch abziehen und fein hacken.

**2.** Die Eier mit je 1 Prise Salz und Pfeffer verquirlen. Mehl, Backpulver, Parmesan und Petersilie hinzufügen und zu einem glatten Teig verrühren.

**3.** Den Spargel mit dem Weiß der Frühlingszwiebeln und dem Knoblauch in einer beschichteten Pfanne in 1 EL Öl in 4–5 Minuten bissfest braten. Das Frühlingszwiebelgrün unterrühren, salzen und pfeffern.

**4.** Jeweils ½ EL Öl in einer beschichteten Pfanne erhitzen und aus dem Teig zwei Omeletts braten, dabei einmal vorsichtig wenden. Auf zwei Teller geben den Spargel daraufgeben und die Omeletts darüber zuklappen.

## Variante Parmesan-Omelett mit Austernpilzen

🕐 ± 0 Minuten
300 g Austernpilze

Statt des Spargels die Pilze putzen und in mundgerechte Stücke zerteilen. Wie beschrieben mit Frühlingszwiebeln und Knoblauch braten und die Omeletts damit füllen.

# Frittata

## mit Zucchini, Erbsen & Salbei

🕐 30 Minuten | Für 2 Personen

100 g TK-Erbsen
2 Zucchini (à 125 g)
1 Knoblauchzehe
5–6 Salbeiblätter
etwa 2 EL Olivenöl
Salz
frisch gemahlener
  schwarzer Pfeffer
4 Eier (Größe M)
2 EL geriebener Parmesan

**1.** Die Erbsen antauen lassen. Die Zucchini waschen und in etwa 3 mm dicke Scheiben schneiden, dabei den Stielansatz entfernen. Den Knoblauch abziehen und fein hacken. Den Salbei abbrausen, trockenschütteln und fein hacken.

**2.** Den Backofen auf 160 °C (Umluft) vorheizen. Das Öl in einer ofenfesten Pfanne erhitzen und die Zucchini darin 5–6 Minuten unter Rühren anbraten. Knoblauch, Erbsen und Salbei dazugeben, salzen und pfeffern.

**3.** Die Eier verquirlen und mit Salz und Pfeffer würzen. Gleichmäßig über das Gemüse gießen und den Parmesan darüberstreuen. Im Ofen auf der mittleren Schiene 12–15 Minuten garen, bis das Ei stockt und die Oberfläche zart gebräunt ist. Die Frittata warm oder kalt servieren.

## Variante Frittata mit Kräuterseitlingen & Thymian

🕐 ± 0 Minuten
250 g Kräuterseitlinge
2–3 Zweige Thymian

Anstelle der Zucchini die Pilze putzen und in Scheiben schneiden. Statt Salbei den Thymian abbrausen, trockenschütteln und die Blättchen abstreifen. Die Frittata wie oben beschrieben zubereiten und servieren.

**Gut zu wissen** Die kleinen violetten Babyartischocken sind so zart, dass kein »Heu« ent-
fernt werden muss.

# Artischocken
## mit Kirschtomaten

🕐 20 Minuten | Für 2 Personen

Saft von 1 Zitrone
10–12 Babyartischocken
1 Handvoll Kirschtomaten
2 Schalotten
4 EL Olivenöl
1 TL Dijonsenf
2 EL Sherry-Essig
Salz
frisch gemahlener
  schwarzer Pfeffer

**1.** Den Zitronensaft in eine Schale mit Wasser geben. Die Artischocken von äußeren harten Blättern befreien, die Spitzen um ein Drittel kürzen und die Stiele schälen. Die Artischocken halbieren und sofort in das Zitronenwasser legen, damit sie nicht braun werden. Die Tomaten waschen und halbieren. Die Schalotten abziehen und fein hacken.

**2.** Das Öl in einer beschichteten Pfanne erhitzen. Die Schalotten darin in 1 Minute glasig anbraten. Die Artischocken abtropfen lassen, mit Küchenpapier trockentupfen, dazugeben und 2–3 Minuten bei hoher Temperatur mitbraten.

**3.** Die Tomaten dazugeben. Senf, Essig, Salz und Pfeffer hinzufügen und die Mischung 2–3 Minuten durchschwenken. Auf zwei Teller verteilen und servieren.

## Variante Artischocken mit Bohnen

🕐 + 10 Minuten
200 g grüne Bohnen

**1.** Die Bohnen waschen, putzen und eventuell entfädeln. In kochendem Salzwasser in etwa 8 Minuten bissfest kochen. In ein Sieb abgießen und in Eiswasser abschrecken.

**2.** Währenddessen die Artischocken wie oben beschrieben zubereiten. Die Bohnen halbieren, statt der Kirschtomaten zu den Artischocken geben, würzen und durchschwenken.

# Blumenkohl

## im Kichererbsenteig

🕐 25 Minuten | Für 2 Personen

1 kleiner Blumenkohl
200 g Kichererbsenmehl
½ TL getrockneter Thymian
⅓ TL Cayennepfeffer
Salz
750 ml neutrales Pflanzenöl
  zum Frittieren
1 kleines Bund Koriander
150 g Joghurt
1 TL Zitronensaft

**1.** Den Blumenkohl in Röschen teilen, waschen und in einem Sieb gut abtropfen lassen. Das Kichererbsenmehl in einer Schüssel mit Thymian, Cayennepfeffer, ½ TL Salz und 200 ml kaltem Wasser zu einem glatten Teig verrühren.

**2.** Das Öl in der Fritteuse oder einem Topf erhitzen. Die Blumenkohlröschen in den Teig tauchen und im heißen Öl portionsweise 4–5 Minuten frittieren. Mit einem Schaumlöffel herausheben und auf Küchenpapier abtropfen lassen.

**3.** Für den Dip das Koriandergrün abbrausen, trockenschütteln und die Stiele entfernen. Den Rest fein hacken und mit dem Joghurt verrühren. Mit Zitronensaft und Salz würzen und zu den Blumenkohlröschen servieren.

**Gut zu wissen** Kichererbsenmehl hat eine fettabweisende Wirkung, damit Frittiertes ist also erfreulich fettarm und bekömmlich.

## Variante Champignons im Kichererbsenteig

🕐 ± 0 Minuten
300 g Champignons
1–2 EL Schnittlauchröllchen

Die Champignons putzen, statt der Blumenkohlröschen im Kichererbsenteig wenden und frittieren. Statt Koriander die Schnittlauchröllchen unter den Joghurt rühren und diesen zu den Champignons servieren.

# Sellerieschnitzel
## mit Haselnusspanade & Feldsalat

🕐 30 Minuten | Für 2 Personen

1 Knolle Sellerie (350 g)
2–3 Scheiben von 1 unbehandelten Zitrone
Salz
1 Ei
1 EL Semmelbrösel
4 EL geriebene Haselnusskerne
1 gestr. EL Mehl
neutrales Öl zum Ausbacken
150 g Feldsalat
frisch gemahlener schwarzer Pfeffer
2 EL Zitronensaft
2 EL Olivenöl

**1.** Den Sellerie schälen, in 0,5 cm dicke Scheiben schneiden und diese teilen. Etwa 5 Minuten mit den Zitronenscheiben in kochendem Salzwasser vorgaren. Herausheben und auf Küchenpapier abtropfen und etwas abkühlen lassen.

**2.** Das Ei mit 1 TL Wasser in einem tiefen Teller verschlagen. Semmelbrösel und geriebene Haselnüsse mischen. Die Selleriescheiben mit Mehl bestauben, im Ei wenden und mit der Haselnussmischung panieren.

**3.** In einer beschichteten Pfanne so viel Öl erhitzen, dass es 0,5 cm hoch steht. Die Sellerieschnitzel darin von jeder Seite in 2–3 Minuten goldbraun ausbacken. Herausheben und auf Küchenpapier abtropfen lassen.

**4.** Inzwischen den Feldsalat putzen, waschen und trockenschleudern. Mit Salz, Pfeffer, Zitronensaft und Olivenöl würzen und zu den Sellerieschnitzeln servieren.

## Variante Sellerieschnitzel mit Thymian & Zitrone

🕐 -5 Minuten
1 Knoblauchzehe
1 EL Thymianblättchen
2 EL Olivenöl
Abrieb von ½ unbehandelten Zitrone

Den Sellerie wie oben beschrieben vorgaren. Den Knoblauch abziehen und fein hacken. Die Sellerieschnitzel mit Knoblauch und Thymian in einer beschichteten Pfanne im Olivenöl goldbraun braten und mit Salz, Pfeffer und Zitronenschale würzen. Mit dem Feldsalat servieren.

# Blumenkohlreis
## mit Zuckerschoten & Cashewkernen

🕐 25 Minuten | Für 2 Personen

1 Blumenkohl (500 g),
  in Röschen zerteilt
100 g Zuckerschoten
2 Schalotten
2 EL Rapskernöl
1 EL Crème fraîche
2 EL geriebener Parmesan
Salz
frisch gemahlener
  schwarzer Pfeffer
2–3 TL Limettensaft
30 g geröstete, gesalzene
  Cashewkerne

**1.** Den Blumenkohl waschen, abtropfen lassen und im Blitzhacker so weit zerkleinern, dass er wie Reis aussieht. Die Zuckerschoten waschen, bei Bedarf entfädeln und schräg in zwei bis drei Stücke schneiden. Die Schalotten abziehen und fein hacken.

**2.** Die Schalotten in einer beschichteten Pfanne im Öl anschwitzen. Blumenkohl, Zuckerschoten und 4 EL Wasser dazugeben und das Gemüse zugedeckt in 5–6 Minuten bei mittlerer Temperatur bissfest dünsten.

**3.** Crème fraîche und Parmesan unterrühren und mit Salz, Pfeffer und Limettensaft abschmecken. Den Blumenkohlreis in zwei Schalen geben. Die Cashewkerne grob hacken und darüberstreuen.

**Tipp** Wer keinen Blitzhacker hat, kann den Blumenkohl auch auf der Universalreibe grob raspeln.

## Variante Blumenkohlreis mit grünem Spargel

🕐 ± 0 Minuten
100 g Thaispargel
1/3 TL gemahlene Kurkuma
2 EL Mandelstifte, geröstet

Den Thaispargel waschen, die Enden entfernen und die Stangen dritteln. Zusammen mit dem Blumenkohlreis wie oben beschrieben dünsten, dabei mit dem Wasser die gemahlene Kurkuma zugeben. Statt der Cashewkerne die Mandelstifte vor dem Servieren aufstreuen.

# Gemüse-Rösti

## mit Schafskäse-Gurken-Quark

🕐 30 Minuten | Für 2 Personen

2 große Pastinaken (à 125 g)
1 Karotte (etwa 100 g)
1 kleine Zwiebel
1 Knoblauchzehe
1 Ei (Größe M)
1 EL Kartoffelstärke
Salz
frisch gemahlener
  schwarzer Pfeffer
frisch geriebene Muskatnuss
neutrales Öl zum Ausbacken
½ Salatgurke
100 g Schafskäse (Feta)
150 g Magerquark
1 Prise getrockneter Oregano

**1.** Die Pastinaken und die Karotte schälen und grob raspeln. Die Zwiebel abziehen und dazuraspeln. Den Knoblauch abziehen und dazupressen. Ei und Kartoffelstärke unterrühren und mit Salz, Pfeffer und Muskat würzen.

**2.** In einer beschichteten Pfanne jeweils 2–3 EL Öl erhitzen. Die Gemüsemischung mit etwas Abstand in kleinen Portionen mithilfe eines Esslöffels hineinsetzen und zu Rösti flach drücken. Von jeder Seite 2–3 Minuten backen. Herausheben und auf Küchenpapier abtropfen lassen.

**3.** Inzwischen die Gurke waschen oder schälen und grob raspeln. Den Schafskäse zerkrümeln. Beides mit dem Quark verrühren und mit wenig Salz, Pfeffer und Oregano würzen. Zu den Gemüse-Rösti servieren.

## Variante Zucchini-Rösti mit Schafskäse-Gurken-Quark

🕐 ± 0 Minuten
2 Zucchini (à 125 g)
4–5 Zweige Thymian
1 mehligkochende Kartoffel
  (ca. 100 g)

**1.** Die Zucchini waschen, den Stielansatz entfernen, grob raspeln, mit Salz bestreuen und etwa 10 Minuten Wasser ziehen lassen. Den Thymian abbrausen, trockenschütteln und die Blättchen abstreifen.

**2.** Die Zucchini gut ausdrücken. Die Kartoffel schälen und dazuraspeln. Zwiebel, Knoblauch und Thymian dazugeben, salzen und pfeffern (Ei und Kartoffelstärke weglassen). Aus der Masse wie oben beschrieben Rösti backen und den Schafskäse-Gurken-Quark dazu servieren.

# Kürbispuffer
## mit Kürbiskern-Hüttenkäse

 25 Minuten | Für 2 Personen

300 g Kürbisfleisch (ohne
  Schale, Fasern und Kerne)
1 kleine Zwiebel
1 walnussgroßes Stück
  frischer Ingwer
1 Knoblauchzehe
1 Ei (Größe M)
1 EL Kartoffelstärke
½ TL gemahlener Kreuz-
  kümmel
⅓ TL Chiliflocken
Salz
4 EL Rapskernöl
2 EL Kürbiskerne, geröstet
200 g Hüttenkäse

**1.** Den Kürbis grob raspeln. Die Zwiebel abziehen und dazuraspeln. Ingwer schälen und Knoblauch abziehen und beides fein dazureiben. Alles in einer Schüssel mit dem Ei und der Kartoffelstärke vermengen und mit Kreuzkümmel, Chiliflocken und Salz würzen.

**2.** In zwei beschichteten Pfannen jeweils 2 EL Öl erhitzen. Die Kürbismischung mit etwas Abstand in kleinen Portionen mithilfe eines Esslöffels in die Pfannen setzen und zu Puffern flach drücken. Von jeder Seite 3–4 Minuten backen. Herausheben und auf Küchenpapier abtropfen lassen.

**3.** Die Kürbiskerne grob hacken und unter den Hüttenkäse heben. Mit den Kürbispuffern auf zwei Tellern anrichten.

## Variante Kürbispuffer mit Mango-Mozzarella-Salat

 + 5 Minuten
1 kleine, reife Mango
1 Kugel Mozzarella
1 Stängel frische Minze
2 EL Zitronensaft
2 EL Olivenöl

**1.** Die Mango schälen, das Fruchtfleisch vom Stein schneiden und klein würfeln. Den Mozzarella abtropfen lassen und ebenfalls klein würfeln. Die Minze abbrausen, trockenschütteln und die Blätter fein hacken.

**2.** Den Zitronensaft mit etwas Salz und dem Öl verquirlen und alles untermengen. Den Salat zu den Kürbispuffern servieren.

# Backofengemüse
## mit Paprika-Sesam-Dip

🕐 25 Minuten | Für 2 Personen

2 Karotten

2 Pastinaken

2 Zucchini

1 Zwiebel

2 EL Olivenöl

2 EL Sesamsamen

120 g gegrillte Paprika-
schoten (aus dem Glas)

½ Bund Petersilie

Salz

frisch gemahlener
schwarzer Pfeffer

**1.** Den Backofen auf 220 °C (Grillfunktion) vor-heizen. Karotten und Pastinaken schälen und in feine Scheiben hobeln. Die Zucchini waschen und eben-falls in Scheiben hobeln. Die Zwiebel abziehen, längs teilen und in Spalten schneiden.

**2.** Das Gemüse mit dem Öl mischen und auf einem Backblech verteilen. Etwa 20 Minuten unter dem Backofengrill grillen, dabei nach der Halbzeit wenden.

**3.** Sesam in einer kleinen beschichteten Pfanne bei geringer Temperatur ohne Zugabe von Fett rösten und abkühlen lassen. Die Paprikaschoten abtropfen lassen und klein schneiden. Die Petersilie abbrausen und trockenschütteln. Paprika, Sesam und Petersilie im Blitzhacker nicht zu fein hacken und mit Salz und Pfeffer abschmecken. Zum Servieren das Gemüse salzen, auf Teller geben und den Paprika-Sesam-Dip dazu servieren.

## Variante Backofengemüse mit Knoblauch & Chili

🕐 + 5 Minuten

4 junge Knoblauchzehen

1 große rote Chilischote

150 g Kräuterquark

**1.** Den Backofen auf 180 °C (Umluft) vorheizen. Das Gemüse putzen und in mundgerechte Stücke schnei-den. Die Knoblauchzehen abziehen und halbieren. Die Chilischote putzen, in Ringe schneiden und die Samen entfernen. Mit dem Öl unter das Gemüse mischen.

**2.** Etwa 25 Minuten auf dem Blech im Ofen auf der mittleren Schiene backen, nach der halben Backzeit wenden. Salzen und mit dem Kräuterquark servieren.

# Rote Bete

## mit Mohnschmand

🕐 25 Minuten | Für 2 Personen

4 Rote Bete (à 100 g)
40 g Butter
½ TL Koriandersamen
Salz
frisch gemahlener
  schwarzer Pfeffer
2 EL gemahlene Mohnsamen
120 g Schmand

**1.** Den Backofen auf 180 °C (Umluft) vorheizen. Die Rote Bete (mit Einmalhandschuhen) schälen, in Stifte schneiden und in eine ofenfeste Form geben.

**2.** Die Butter in einem kleinen Topf schmelzen. Den Koriander mit je 1 kräftigen Prise Salz und Pfeffer im Mörser zerstoßen und unter die flüssige Butter mischen. Über die Rote Bete verteilen und diese auf der mittleren Schiene etwa 15 Minuten im Ofen backen.

**3.** Inzwischen den Mohn in einer kleinen beschichteten Pfanne ohne Zugabe von Fett bei geringer Temperatur rösten und abkühlen lassen. Mit dem Schmand verrühren und mit Salz abschmecken. Den Mohnschmand zur Roten Bete servieren.

## Variante Bunte Bete mit Avocadocreme

🕐 ± 0 Minuten

400 g gemischte Bete
  (rot, weiß und/oder gelb)
1 reife Avocado
2 EL Zitronensaft
2 EL Schnittlauchröllchen
1 kleine Prise Zucker

**1.** Die Bete wie oben beschrieben vor- und zubereiten.

**2.** Die Avocado halbieren, entsteinen, schälen und das Fruchtfleisch mit einer Gabel zerdrücken. Mit dem Zitronensaft und dem Schnittlauch verrühren und mit Salz, Pfeffer und Zucker abschmecken. Die Avocadocreme statt des Mohnschmandes zu der gemischten Bete servieren.

# Zucchinigratin
## mit Ricotta & Pekannüssen

🕐 30 Minuten | Für 2 Personen

1 EL Olivenöl
2 Zucchini (à 125 g)
2 Frühlingszwiebeln
20 g Pekannusskerne
150 g Ricotta
1 Ei
1 EL Kartoffelstärke
Salz
frisch gemahlener
  schwarzer Pfeffer
frisch geriebene Muskatnuss

**1.** Den Backofen auf 200 °C (Ober-/Unterhitze) vorheizen und eine Auflaufform mit dem Öl ausstreichen. Die Zucchini waschen und grob raspeln. Die Frühlingszwiebeln putzen, waschen und fein schneiden. Die Pekannüsse hacken.

**2.** Zucchini und Frühlingszwiebeln mit Ricotta, Ei und Kartoffelstärke mischen und mit Salz, Pfeffer und Muskat würzen. In die Form geben und die Nüsse darüberstreuen. Das Zucchinigratin etwa 20 Minuten backen und in der Form servieren.

## Variante Zucchinigratin mit Schafskäse & Pinienkernen

🕐 ± 0 Minuten
100 g Schafskäse (Feta)
20 g Pinienkerne

**1.** Das Zucchinigratin wie oben beschrieben vorbereiten, dabei den Ricotta durch zerbröselten Schafskäse und die gehackten Pekannüsse durch (ganze) Pinienkerne ersetzen.

**2.** Die Masse mit Pfeffer, Muskat und nur wenig Salz abschmecken, da der Schafskäse schon Salz mitbringt, und im Ofen wie oben beschrieben backen.

mit Fisch
& Fleisch

# Zucchininudeln
## mit Jakobsmuscheln

 25 Minuten | Für 2 Personen

2 Zucchini (à 200 g)
Salz
Fleisch von 6–8 Jakobs-
   muscheln
2 EL Rapskernöl
2 Zweige Thymian
1 Knoblauchzehe
1 kleine Handvoll
   Basilikumblätter
100 g süße Sahne
1 TL Currypulver
frisch gemahlener
   schwarzer Pfeffer
Abrieb und Saft von ½ unbehandelten Zitrone

**1.** Die Zucchini schälen und mit dem Spiralschneider in dicke Spaghetti schneiden. In einem Topf Salzwasser aufkochen und die Zucchininudeln darin etwa 2 Minuten garen. In ein Sieb abgießen und abtropfen lassen.

**2.** Inzwischen die Jakobsmuscheln kalt abbrausen und mit Küchenpapier trockentupfen. Das Öl in einer großen beschichteten Pfanne erhitzen. Den Thymian abbrausen und trockenschütteln. Die Knoblauchzehe mit Schale zerdrücken und mit dem Thymian in die Pfanne geben. Die Muscheln darin von beiden Seiten etwa je 2 Minuten braten, herausnehmen und warm halten.

**3.** Das Basilikum abbrausen und trockentupfen. Knoblauch und Thymian aus der Pfanne entfernen, Sahne und Currypulver hineingeben und aufkochen lassen. Mit Salz, Pfeffer, Zitronenschale und -saft abschmecken. Zucchininudeln und Basilikum hinzufügen und kurz durchschwenken. Auf zwei Teller geben und die Jakobsmuscheln darauf anrichten.

## Variante Zucchininudeln mit Riesengarnelen

 ± 0 Minuten

5–6 küchenfertige Riesen-
   garnelen (ca. 150 g)
1 Döschen Safranfäden
   (0,1 g)
1 kleine Handvoll Babyspinat

Die Riesengarnelen längs halbieren und den Darm entfernen. Statt der Jakobsmuscheln von jeder Seite 1 Minute braten. Statt des Currys den Safran zur Sahne geben und anstelle des Basilikums den Spinat zu den Zucchininudeln geben. Die Garnelen darauf anrichten.

# Gemüsespaghetti
## mit Seelachs

🕐 30 Minuten | Für 2 Personen

2 große Karotten
1 großer Kohlrabi
Salz
1 unbehandelte Zitrone
300 g Seelachsfilet
100 g Crème fraîche
1 TL mittelscharfer Senf
frisch gemahlener
  schwarzer Pfeffer
1 kleine Prise Zucker
1–2 Stängel Zitronenmelisse

**1.** Die Karotten und den Kohlrabi schälen und mit dem Spiralschneider in Spaghetti schneiden. Die Gemüsenudeln in kochendem Salzwasser etwa 2 Minuten bissfest garen. In ein Sieb abgießen und abtropfen lassen.

**2.** Inzwischen die Zitrone heiß abwaschen, trockentupfen und die Schale mit einem Zestenreißer in feinen Spänen abziehen. Anschließend aus der Zitrone 2 EL Saft auspressen. Das Fischfilet kalt abbrausen, mit Küchenpapier trockentupfen und in etwa 2 cm große Würfel schneiden. Mit den Zitronenzesten mischen.

**3.** Crème fraîche, Senf, Zitronensaft und 4 EL Wasser in einer beschichteten Pfanne verrühren, erhitzen und mit Salz, Pfeffer und Zucker würzen. Die Fischwürfel einlegen und darin bei geringer Temperatur in 2–3 Minuten zugedeckt gar ziehen lassen. Die Zitronenmelisse abbrausen, trockenschütteln, die Blätter fein hacken und dazugeben.

**4.** Zum Servieren die Gemüsenudeln in zwei Schalen geben, Fisch und Zitronensauce darübergeben.

## Variante Gemüsespaghetti mit Lachs

🕐 ± 0 Minuten
300 g Lachsfilet
1 TL rosa Pfefferbeeren
1 EL gehackte Dillspitzen

Die Gemüsespaghetti und das Fischfilet wie oben beschrieben zubereiten. Dabei Seelachs- durch Lachsfilet ersetzen. Den rosa Pfeffer im Mörser grob zerstoßen und mit den Zitronenzesten zum Fisch geben. Alles wie beschrieben fertigstellen und zum Schluss statt der Zitronenmelisse den Dill unterrühren.

# Kalbsschnitzel
## mit Rahmpfifferlingen

🕐 30 Minuten | Für 2 Personen

500 g Pfifferlinge
1 Knoblauchzehe
2 Schalotten
2 EL Rapskernöl
2 Kalbsschnitzel (à ca. 140 g)
Salz
frisch gemahlener
  schwarzer Pfeffer
100 g süße Sahne
½ Bund Estragon
  (alternativ Petersilie)
Abrieb von 1 unbehandelten
  Zitrone

**1.** Die Pfifferlinge putzen und je nach Größe teilen. Knoblauch und Schlotten abziehen und fein hacken.

**2.** Das Öl in einer beschichteten Pfanne erhitzen. Die Schnitzel darin von jeder Seite etwa 2 Minuten anbraten, salzen und pfeffern. Herausnehmen und warm halten.

**3.** Die Pfifferlinge, Knoblauch und Schalotten in die Pfanne geben und 4–5 Minuten bei hoher Temperatur unter Rühren braten. Mit der Sahne ablöschen und in 3–4 Minuten cremig einkochen lassen.

**4.** Die Kräuter abbrausen und trockenschütteln, Stiele entfernen, die Blätter fein hacken und zu den Pilzen geben. Mit Salz, Pfeffer und Zitronenschale abschmecken. Die Schnitzel auf zwei Teller geben und die Rahmpfifferlinge darüber verteilen. Sofort servieren.

## Variante Zanderfilet mit Pfifferlingen

🕐 ± 0 Minuten
2 Zanderfilets mit Haut
  (à ca. 125 g)

**1.** Die Fischfilets kalt abbrausen und mit Küchenpapier trockentupfen. In einer beschichteten Pfanne 3–4 Minuten auf der Hautseite anbraten, dann wenden, die Pfanne vom Herd nehmen und den Fisch 1–2 Minuten nachziehen lassen. Mit Salz und Pfeffer würzen.

**2.** Die Pilze wie oben beschrieben zubereiten und mit den Zanderfilets auf zwei Tellern anrichten.

**Tipp** Falls die Pfifferlinge sehr schmutzig sind, in einer Schüssel mit kaltem Wasser und 2 EL Mehl schnell (!) durchwaschen und auf Küchenpapier abtropfen lassen.

# Saltimbocca

## mit Selleriepüree

 30 Minuten | Für 2 Personen

1 Knolle Sellerie (ca. 400 g)
Salz
½ unbehandelte Zitrone,
  in Scheiben
40 g Butter
2 große dünne Kalbsschnitzel
  (à ca. 150 g)
2 Scheiben Parmaschinken
6 Salbeiblätter
Salz
frisch gemahlener
  schwarzer Pfeffer
2 EL Olivenöl
100 ml Marsala
  (alternativ Orangensaft)
frisch geriebene Muskatnuss
6 Holzspießchen

**1.** Den Sellerie schälen, würfeln und in einem Topf mit Salzwasser bedecken. Die Zitronenscheiben dazugeben. Aufkochen und etwa 15 Minuten kochen lassen.

**2.** Die Hälfte der Butter klein würfeln und ins Tiefkühlfach geben. Die Schnitzel und den Schinken quer in je drei Stücke schneiden. Den Salbei abbrausen und trockentupfen. Die Schnitzelchen salzen, pfeffern und jeweils ein Salbeiblatt und ein Stück Schinken mit einem Holzspieß darauf feststecken.

**3.** Das Öl in einer beschichteten Pfanne erhitzen, die Schnitzel darin je 2 Minuten auf beiden Seiten braten. Herausnehmen und warm halten. Den Bratensatz mit Marsala oder Orangensaft ablöschen und 1 Minute einkochen lassen. Die eiskalten Butterwürfel einrühren, die Schnitzelchen wieder in die Pfanne geben und etwa 3 Minuten zugedeckt ziehen lassen.

**4.** Das Selleriekochwasser abgießen und die Zitronenscheiben entfernen. Den Sellerie mit der übrigen Butter pürieren. Mit Salz, Pfeffer und Muskat abschmecken und zu den Salbeischnitzeln servieren.

## Variante Seelachs-Saltimbocca mit Selleriepüree

 ± 0 Minuten
200 g Seelachsfilet
3 Scheiben Parmaschinken

Das Fischfilet abbrausen, trockentupfen und in sechs Stücke teilen. Die Schinkenscheiben quer teilen. Die Fischstücke salzen, pfeffern und mit Salbei belegen. Mit dem Schinken umwickeln und mit einem Holzspieß feststecken. Wie oben beschrieben zubereiten und mit Selleriepüree servieren.

# Zitronenhähnchen

## mit Zucchini

 25 Minuten | Für 2 Personen

2 Hähnchenbrustfilets
  (à ca. 150 g)
1 unbehandelte Zitrone
3 EL Olivenöl
½ TL getrockneter Oregano
½ TL Zitronenpfeffer
1 Knoblauchzehe
2 Zucchini (à ca. 150 g)
Salz
frisch gemahlener
  schwarzer Pfeffer
100 g Schmand

**1.** Die Filets kalt abbrausen, trockentupfen und quer in je zwei Schnitzel schneiden. Die Zitrone heiß abwaschen und trockentupfen, erst die Schale abreiben, dann 1 EL Saft aus der Zitrone pressen. 2 EL Olivenöl in einem Schälchen mit der Hälfte der Zitronenschale, Oregano und Zitronenpfeffer verrühren. Knoblauch abziehen und dazupressen. Hähnchenschnitzel mit dieser Mischung einreiben.

**2.** Die Zucchini waschen und längs in Scheiben schneiden, den Stielansatz entfernen. Eine Grillpfanne erhitzen und die Stege mit dem übrigen Olivenöl bestreichen. Die Zucchini darin portionsweise von jeder Seite 2–3 Minuten grillen, salzen und pfeffern. Die Hähnchenschnitzel salzen und in einer heißen beschichteten Pfanne ohne Zugabe von Fett von jeder Seite etwa 3 Minuten anbraten.

**3.** Schmand mit Zitronensaft und restlicher Zitronenschale verrühren und mit Salz und Pfeffer abschmecken. Die Hähnchenschnitzel mit den gegrillten Zucchini auf Tellern anrichten und mit Zitronenschmand servieren.

## Variante Zitronenhähnchen mit Gurkensalat

🕐 -5 Minuten
1 Salatgurke
1 EL Schmand
1 TL gehackte Dillspitzen

Die Hähnchenschnitzel wie oben beschrieben zubereiten. Die Gurke schälen und in dünne Scheiben hobeln. Mit Zitronensaft, Salz, Pfeffer, Schmand und Dill anmachen und zum Hähnchen servieren.

# Ingwerhähnchen
## mit Kürbispüree

🕐 30 Minuten | Für 2 Personen

1 Stück frischer Ingwer
(ca. 3 cm)

1 Knoblauchzehe

Saft und Abrieb von 1 unbehandelten Orange

⅓ TL Currypulver

2 Hähnchenbrustfilets
(à ca. 150 g)

400 g Kürbisfleisch (ohne
Schale, Fasern und Kerne)

2 EL Butterschmalz

100 ml Gemüsebrühe

Salz

etwas Cayennepfeffer

2 EL gehacktes Koriander-
grün

**1.** Ingwer schälen, Knoblauch abziehen und beides zur Orangenschale reiben. Alles mit dem Currypulver mischen. Die Hähnchenbrustfilets kalt abbrausen, trockentupfen und mit der Würzmischung einreiben.

**2.** Das Kürbisfleisch würfeln. 1 EL Butterschmalz in einem Topf erhitzen. Den Kürbis darin 2–3 Minuten anbraten. Die Hälfte des Orangensaftes mit der Gemüsebrühe dazugeben. Zugedeckt bei mittlerer Temperatur in 8–10 Minuten weich dünsten.

**3.** Das übrige Schmalz in einer Pfanne erhitzen. Das Hähnchen darin von jeder Seite etwa 3 Minuten anbraten. Übrigen Orangensaft angießen und alles bei geringer Temperatur 5–6 Minuten garen.

**4.** Den Kürbis zerstampfen, mit Salz und Cayennepfeffer würzen, die Koriander unterziehen und zum Hähnchen servieren.

## Variante Ingwerhähnchen mit Chicoréesalat

 -10 Minuten

2 Chicorée

2 Orangen

2 EL Walnussöl

1 EL gehackte Walnusskerne

Das Hähnchen wie oben beschrieben zubereiten. Während es brät, den Chicorée in Streifen schneiden, waschen und trockenschleudern. Eine Orange schälen, in Spalten teilen und diese in Stückchen schneiden. Die andere Orange auspressen und aus 2 EL Orangensaft, Salz, Cayennepfeffer und Walnussöl ein Dressing rühren. Dieses unter den Chicorée und die Orangenstückchen mischen. Mit den gehackten Walnüssen bestreut zum Ingwerhähnchen servieren.

# Kalbsröllchen

## mit Estragon-Mandel-Pesto

🕐 30 Minuten | Für 2 Personen

je 1 Bund Estragon und
  Basilikum
1 Knoblauchzehe
2 EL Mandelstifte
4 EL Mandelöl
  (alternativ mildes Olivenöl)
2 EL frisch geriebener
  Parmesan
2 Karotten
1 Bund Frühlingszwiebeln
4 dünne Kalbsschnitzel
  (à ca. 70 g)
Salz
frisch gemahlener
  schwarzer Pfeffer
100 ml Gemüsebrühe
4 Holzspießchen

**1.** Für das Pesto die Kräuter abbrausen und trocken-schütteln, die Blätter abzupfen. Knoblauch abziehen und hacken. Beides mit den Mandeln und 2 EL Öl fein pürieren. Parmesan unterrühren.

**2.** Die Karotten schälen und schräg in 0,5 cm dicke Scheiben schneiden. Die Frühlingszwiebeln putzen, waschen und bis zum hellgrünen Teil schräg in 3 cm dicke Ringe schneiden.

**3.** Die Schnitzel salzen und pfeffern, mit dem Pesto bestreichen, aufrollen und mit Spießchen feststecken. Im übrigen Öl in einer beschichteten Pfanne rundherum anbraten. Das Gemüse dazugeben, mit der Brühe ablöschen und alles bei mittlerer Temperatur zugedeckt etwa 10 Minuten schmoren lassen. Die Spießchen entfernen und die Kalbsröllchen mit dem Gemüse auf Tellern anrichten.

## Variante Schollenröllchen

🕐 ± 0 Minuten
4 Schollenfilets (à ca. 70 g)
150 ml Fischfond
  (aus dem Glas)
1 EL Olivenöl
4 EL Gemüsebrühe

**1.** Die Fischfilets kalt abbrausen, mit Küchenpapier trockentupfen, salzen und pfeffern und mit dem Pesto füllen. Den Fischfond in einem kleinen Topf erhitzen, die Röllchen darin bei geringer Temperatur zugedeckt in etwa 5 Minuten gar ziehen lassen.

**2.** Das Gemüse separat im Öl anbraten, mit der Gemüsebrühe ablöschen und zugedeckt in 7–8 Minuten bissfest dünsten. Mit Salz und Pfeffer würzen, auf Teller geben und die Schollenröllchen darauf anrichten.

# Wirsingpfanne
## mit Salsiccia-Bällchen

🕐 30 Minuten | Für 2 Personen

500 g Wirsing
Salz
1 Zwiebel
1 Knoblauchzehe
3 EL Olivenöl
2 EL Schmand
1 EL grober Senf
2 Salsiccia-Würste
  (à ca. 100 g)
frisch gemahlener
  schwarzer Pfeffer
frisch geriebene Muskatnuss

**1.** Den Wirsing in Blätter teilen, die Rippen entfernen und die Blätter in Streifen schneiden. Etwa 2 Minuten in kochendem Salzwasser blanchieren, abgießen, in Eiswasser abkühlen und in einem Sieb abtropfen lassen.

**2.** Zwiebel und Knoblauch abziehen und fein hacken. Beides in einer beschichteten Pfanne in 2 EL Öl anbraten. Wirsing, Schmand und Senf dazugeben und 5–6 Minuten zugedeckt schmoren lassen, gelegentlich umrühren.

**3.** Inzwischen das Salsiccia-Brät aus den Würsten drücken und zu kleinen Kugeln formen. In einer beschichteten Pfanne im übrigen Öl rundherum braun braten.

**4.** Den Wirsing mit Salz, Pfeffer und Muskat abschmecken. Die Salsiccia-Bällchen dazugeben noch 2–3 Minuten mitschmoren lassen. Den Wirsing mit den Salsiccia-Bällchen in zwei Schalen anrichten.

## Variante Wirsingpfanne mit Haselnüssen

🕐 ± 0 Minuten
40 g Haselnusskerne

Den Wirsing wie oben beschrieben zubereiten. Die Haselnüsse in einer kleinen beschichteten Pfanne ohne Zugabe von Fett rösten, bis sie dunkelbraune Stellen bekommen, und abkühlen lassen. Die Häutchen, so gut es geht, abreiben und die Nüsse grob hacken. Kurz vor dem Servieren statt der Salsiccia-Bällchen unter den Wirsing mischen.

# Schollenfilet
## mit Serrano-Mandel-Stippe

🕐 30 Minuten | Für 2 Personen

2 Tomaten
1 Schalotte
1 dicke Scheibe Serrano-
  schinken (ca. 50 g)
½ Bund Petersilie
4 Schollenfilets (à ca. 70 g)
3 EL Olivenöl
1 EL Mandelstifte
frisch gemahlener
  schwarzer Pfeffer
Salz

**1.** Die Tomaten überbrühen, kalt abschrecken, häuten, entkernen und das Fruchtfleisch fein würfeln. Die Schalotte abziehen und fein hacken. Den Schinken fein würfeln. Die Petersilie abbrausen und trockenschütteln, die Blätter abzupfen und fein hacken.

**2.** Die Schollenfilets kalt abbrausen und trockentupfen. 2 EL Öl in einer beschichteten Pfanne erhitzen und die Fischfilets darin von jeder Seite 1–2 Minuten braten. Vorsichtig herausheben und warm halten.

**3.** Das übrige Öl zum Bratensatz in die Pfanne geben. Die Schalotten- und Schinkenwürfel und die Mandelstifte darin unter Rühren etwa 2 Minuten braten. Tomaten und Petersilie unterrühren und 1 Minute mitbraten. Mit Pfeffer und (wenig) Salz würzig abschmecken. Die Fischfilets auf zwei Teller geben und die Serrano-Mandel-Stippe darüber verteilen. Dazu schmeckt etwa ein bunter Salat.

## Variante Schollenfilet mit Tomaten-Kapern-Stippe

🕐 ± 0 Minuten
4 getrocknete Tomaten
  (in Öl) plus 3 EL Tomatenöl
2 EL kleine Kapern
  (aus dem Glas)

**1.** Die getrockneten Tomaten abtropfen lassen und fein würfeln. Die Kapern ebenfalls abtropfen lassen.

**2.** Den Fisch wie oben beschrieben vorbereiten und im Tomatenöl braten. Getrocknete Tomaten und Kapern statt Schinken und Schalotte mit den Mandeln anbraten. Frische Tomaten und Petersilie dazugeben und mit Salz und Pfeffer würzen. Den Fisch mit der Tomaten-Kapern-Stippe anrichten.

# Pfefferfisch
## mit Spargel-Zuckerschoten-Ragout

🕐 25 Minuten | Für 2 Personen

½ unbehandelte Zitrone
1 TL rosa Pfefferbeeren
2 Stücke weißes Fischfilet
  (à ca. 150 g, z. B. Stein-
  beißer oder Kabeljau)
300 g weißer Spargel
100 g Zuckerschoten
2 EL Butterschmalz
Salz
1 Prise Zucker
1 EL Crème fraîche
etwas Cayennepfeffer

**1.** Zitronenhälfte heiß abwaschen, trockentupfen und die Schale mit einem Zestenreißer in feinen Spänen abziehen. Anschließend den Saft der Zitrone auspressen. Den rosa Pfeffer im Mörser grob zerstoßen. Den Fisch kalt abbrausen und trockentupfen. Jeweils eine Seite mit Zitronenzesten und rosa Pfeffer einreiben.

**2.** Den Spargel schälen und schräg in 2 cm breite Stücke schneiden. Die Zuckerschoten putzen, waschen und schräg dritteln. 1 EL Butterschmalz in einer beschichteten Pfanne schmelzen. Den Spargel mit je 1 Prise Salz und Zucker darin etwa 5 Minuten bei mittlerer Temperatur braten. Zuckerschoten und 3 EL Wasser hinzufügen und zugedeckt etwa 3 Minuten dünsten. Die Crème fraîche hinzufügen und mit Salz, Cayennepfeffer und 1–2 TL Zitronensaft abschmecken.

**3.** Das übrige Schmalz in einer Pfanne erhitzen. Den Fisch salzen und mit der Pfefferseite einlegen. 3–4 Minuten bei mittlerer Temperatur braten, dann wenden und in 1–2 Minuten fertig braten. Mit dem Gemüse auf Tellern anrichten und sofort servieren.

## Variante Pfeffersteak mit Spargel-Zuckerschoten-Ragout

🕐 ± 0 Minuten
2 Rinderlendensteaks
  (à ca. 150 g)
1 EL Rapskernöl
1 TL grüner Pfeffer
  (aus dem Glas)

Steaks in einer Pfanne im heißen Öl von jeder Seite 1–3 Minuten braten (je nach gewünschtem Gargrad), salzen und herausnehmen. Grünen Pfeffer und Crème fraîche im Bratensatz aufkochen lassen und über die Steaks geben. Mit Gemüseragout servieren.

# Fischstäbchen
## mit Sesam & Coleslaw

🕐 30 Minuten | Für 2 Personen

300 g Kabeljaufilet
4 EL Zitronensaft
3 EL Salatmayonnaise
  (30 % Fettgehalt)
1 TL Meerrettich
  (aus dem Glas)
300 g Spitzkohl
Salz
$1/3$ TL Zucker
1 Karotte
1 EL Schmand
frisch gemahlener
  schwarzer Pfeffer
5–6 EL Sesamsamen
2 EL Rapskernöl

**1.** Das Fischfilet kalt abbrausen und trockentupfen. In sechs längliche Stücke teilen und mit 2 EL Zitronensaft beträufeln. Die Mayonnaise mit dem Meerrettich verrühren und in zwei Schälchen füllen.

**2.** Für den Coleslaw den Spitzkohl in feine Streifen hobeln. Mit je $1/3$ TL Salz und Zucker in eine Schüssel geben und etwa 2 Minuten mit den Händen durchkneten. Die Karotte schälen und dazuraspeln. Übrigen Zitronensaft und den Schmand untermischen und mit Salz und Pfeffer abschmecken.

**3.** Die Fischstücke nochmals trockentupfen, salzen und in den Sesamsamen wenden. Das Öl in einer beschichteten Pfanne erhitzen und die Fischstäbchen darin von jeder Seite 2–3 Minuten bei mittlerer Temperatur braten. Vorsichtig herausheben und auf Küchenpapier abtropfen lassen. Mit dem Meerrettichdip und dem Coleslaw servieren.

## Variante Fischstäbchen mit Ananas-Coleslaw & Mango-Dip

🕐 ± 0 Minuten

3 EL Mango-Chutney
  (aus dem Glas)
1 EL Orangensaft
Chiliflocken
1 Stück frische Ananas
  (ca. 100 g)

**1.** Das Mango-Chutney mit dem Orangensaft glatt rühren und mit Chiliflocken scharf-würzig abschmecken.

**2.** Die Ananas schälen, vom Strunk befreien, fein würfeln und statt der Karotte unter den Spitzkohl mischen. Den Coleslaw wie oben beschrieben fertigstellen. Coleslaw und Mango-Dip zu den Fischstäbchen servieren.

# Fenchelpfanne
## mit Rinderhackbällchen

🕐 30 Minuten | Für 2 Personen

3 Schalotten
1 EL gehackte Petersilie
1 TL mittelscharfer Senf
1 TL Tomatenmark
250 g Rinderhackfleisch
Salz
frisch gemahlener
  schwarzer Pfeffer
$^1/_3$ TL edelsüßes Paprikapulver
1 Knolle Fenchel (ca. 300 g)
1 Strauchtomate
4 EL Olivenöl

**1.** Eine Schalotte abziehen und fein hacken. Mit Petersilie, Senf und Tomatenmark unter das Hackfleisch kneten und mit Salz, Pfeffer und Paprikapulver würzen.

**2.** Das Fenchelgrün abschneiden. Den Fenchel waschen, längs teilen, den Strunk entfernen und die Hälften in dünne Spalten schneiden. Die Tomate waschen, quer halbieren, die Samen und den Blütenansatz entfernen und die Hälften fein würfeln. Die übrigen Schalotten abziehen und in Streifen schneiden.

**3.** In einer großen beschichteten Pfanne 2 EL Olivenöl erhitzen. Fenchel und Schalotten darin etwa 3 Minuten anbraten. 4 EL Wasser zugeben und den Fenchel zugedeckt bei geringer Temperatur in etwa 5 Minuten weich dünsten.

**4.** Inzwischen aus der Hackfleischmasse zehn Kugeln formen und im übrigen Öl in einer Pfanne braun braten. Die Tomaten unter den Fenchel mischen, salzen und pfeffern. Die Hackbällchen dazugeben und alles in 3–4 Minuten fertig garen. Das Fenchelgrün grob hacken und vor dem Servieren darüberstreuen.

### Variante Fenchelpfanne mit Garnelen

🕐 -10 Minuten
**200 g gegarte Garnelen**
  **(Kühltheke)**

Den Fenchel wie oben beschrieben zubereiten. Statt der Hackbällchen zum Schluss die Garnelen zur Fenchelpfanne geben und 2–3 Minuten darin erwärmen. Das Fenchelgrün darüberstreuen und sofort servieren.

# Bohnenpfanne
## mit Pastinaken & Lammkoteletts

🕐 30 Minuten | Für 2 Personen

400 g breite grüne Bohnen
Salz
2–3 Stängel Bohnenkraut
2–3 Pastinaken (300 g)
4 EL Olivenöl
6 Lammstielkoteletts
  (à ca. 70 g)
1 Knoblauchzehe
1 Zweig frischer Rosmarin
frisch gemahlener
  schwarzer Pfeffer
1 TL Butter

**1.** Die Bohnen putzen und jeweils in drei Stücke schneiden. In einem Topf mit Salzwasser aufkochen und das Bohnenkraut dazugeben. Die Bohnen in 7–8 Minuten bissfest garen. In ein Sieb abgießen und das Bohnenkraut entfernen.

**2.** Inzwischen die Pastinaken schälen und in etwa 0,5 cm große Würfel schneiden. In einer großen beschichteten Pfanne 2 EL Olivenöl erhitzen und die Pastinakenwürfel darin unter Rühren 2–3 Minuten anbraten. 4 EL Wasser hinzufügen und etwa 5 Minuten zugedeckt bei niedriger Temperatur dünsten.

**3.** Die Lammkoteletts kalt abbrausen und mit Küchenpapier trockentupfen. Das übrige Öl in einer beschichteten Pfanne erhitzen. Den Knoblauch mit Schale zerdrücken und mit dem Rosmarin hineingeben. Die Lammkoteletts darin von jeder Seite etwa 3 Minuten anbraten, salzen und pfeffern.

**4.** Die Bohnen und die Butter zu den Pastinaken geben, kurz durchschwenken und mit Salz und Pfeffer würzen. Das Lamm auf dem Gemüse anrichten.

## Variante Bohnenpfanne mit Lachssteak

🕐 ± 0 Minuten
2 Lachssteaks (à ca. 150 g)
1 Zweig frischer Thymian

Das Gemüse wie oben beschreiben zubereiten. Die Lachssteaks kalt abbrausen und trockentupfen. Von jeder Seite 3–4 Minuten im Öl braten. Knoblauch und Thymian zum Aromatisieren hinzufügen. Die Lachsfilets mit dem Pastinaken-Bohnen-Gemüse anrichten.

# Garnelen-Spieße
## mit Lachs & Kohlrabisalat

🕐 25 Minuten | Für 2 Personen

8 küchenfertige Riesen-
  garnelen (ca. 180 g)
200 g Lachsfilet
1 unbehandelte Limette
1 große rote Chilischote
1 Knoblauchzehe
½ Bund Koriandergrün
1 großer Kohlrabi
Salz
⅓ TL Zucker
3 EL Rapskernöl
1 EL geröstete, gesalzene
  Erdnusskerne
4 Holzspieße (20 cm)

**1.** Die Riesengarnelen am Rücken einritzen, den Darm entfernen, kalt abbrausen und trockentupfen. Das Fischfilet ebenfalls kalt abbrausen, trockentupfen und in acht Würfel schneiden. Garnelen und Lachswürfel im Wechsel auf die Spieße stecken.

**2.** Die Limette heiß abwaschen und von der Schale feine Zesten abziehen. Anschließend den Saft auspressen. Die Chilischote längs aufschneiden, putzen, die Samen entfernen und die Hälften fein hacken. Knoblauch abziehen und ebenfalls fein hacken. Den Koriander abbrausen, trockenschütteln und grob hacken. Den Kohlrabi schälen und grob raspeln. Limettensaft, Salz, die Hälfte der Chiliwürfel, Zucker und 1 EL Öl zugeben und das Koriandergrün untermischen. Die Erdnüsse grob hacken und darüberstreuen.

**3.** Das übrige Öl in einer beschichteten Pfanne erhitzen. Die Spieße darin rundherum anbraten. Knoblauch, Limettenzesten und übrige Chiliwürfel darüberstreuen und etwa 2 Minuten weiterbraten. Zum Schluss salzen und mit dem Kohlrabisalat servieren.

## Variante Tofu-Tomaten-Spieße mit Kohlrabisalat

🕐 ± 0 Minuten
200 g schnittfester Tofu
2 EL Rapskernöl
8 Kirschtomaten

Den Tofu in acht Würfel schneiden. Knoblauch, Chili, Limettenzesten und 2 EL Öl verrühren und die Tofuwürfel darin wenden. Die Tomaten waschen und im Wechsel mit den Tofuwürfeln auf die Spieße stecken. Rundherum in einer Grillpfanne braun braten, salzen und mit dem Kohlrabisalat servieren.

# Schweinefilet
## mit Salsa verde & Spargel

 25 Minuten | Für 2 Personen

300 g grüner Spargel
300 g Schweinefilet
2 Bund gemischte Kräuter
   (z. B. Basilikum, Kerbel,
   Petersilie, Schnittlauch)
3 Sardellen (in Öl)
1 EL Kapern (aus dem Glas)
1 Knoblauchzehe
2 EL Zitronensaft
5 EL Olivenöl
Salz
frisch gemahlener
   schwarzer Pfeffer

**1.** Den Spargel im unteren Drittel schälen und die Stangen halbieren. Das Fleisch kalt abbrausen, trockentupfen, in sechs Stücke teilen und flach drücken.

**2.** Die Kräuter abbrausen, trockenschütteln und fein hacken. Die Sardellen und Kapern abtropfen lassen und fein hacken. Den Knoblauch abziehen und durchpressen. Alles mit dem Zitronensaft und 2 EL Öl verrühren und mit Salz und Pfeffer abschmecken.

**3.** Eine Grillpfanne erhitzen, die Stege mit 1 EL Olivenöl bestreichen und den Spargel darin bei mittlerer Temperatur in 6–8 Minuten bissfest braten, gelegentlich wenden.

**4.** Gleichzeitig das übrige Olivenöl in einer beschichteten Pfanne erhitzen. Das Fleisch salzen und pfeffern und darin von beiden Seiten jeweils 2–3 Minuten braten. Den Spargel salzen und mit den Schweinemedaillons und der Salsa verde auf Tellern anrichten.

## Variante Schweinefilet mit Salsa verde & Dicken Bohnen

 ± 0 Minuten
500 g Dicke Bohnen
1 TL Butter

**1.** Die Dicken Bohnen aus den Häutchen drücken und etwa 3 Minuten in kochendem Salzwasser blanchieren. In ein Sieb abgießen und abtropfen lassen.

**2.** Mit der Butter in einer beschichteten Pfanne bei mittlerer Temperatur durchschwenken, salzen und pfeffern. Statt des Spargels zu den Medaillons und der Salsa verde servieren.

# Frikadellen
## mit Kräutern & Pastinaken-Sticks

🕐 30 Minuten | Für 2 Personen

300 g Pastinaken
3 EL Olivenöl
je ½ Bund Petersilie und
   Koriandergrün
1 Stängel frische Minze
1 kleine Zwiebel
1 Knoblauchzehe
1 TL mittelscharfer Senf
400 g mageres Rinder-
   hackfleisch
Salz
Chiliflocken

**1.** Den Backofen auf 180 °C (Umluft) vorheizen, ein Blech mit Backpapier belegen. Die Pastinaken schälen, in Sticks schneiden und in einer Schüssel mit 1 EL Olivenöl mischen. Auf dem Blech verteilen und auf der mittleren Schiene etwa 20 Minuten im Ofen backen, nach 10 Minuten einmal wenden.

**2.** Inzwischen die Kräuter abbrausen, trockenschütteln und die Blätter fein hacken. Zwiebel und Knoblauch abziehen und fein hacken. Mit dem Senf unter das Hackfleisch kneten und mit Salz und Chiliflocken würzen.

**3.** Aus der Masse vier Frikadellen formen und im übrigen Öl bei mittlerer Temperatur von jeder Seite 4–5 Minuten in einer beschichteten Pfanne braten. Die Pastinaken-Sticks salzen und dazu servieren.

## Variante Kräuterfrikadellen mit Schnittlauchquark

🕐 -10 Minuten
1 Bund Schnittlauch
150 g Magerquark
1 kleiner Schuss Mineral-
   wasser
frisch gemahlener
   schwarzer Pfeffer

Während die Frikadellen braten, den Schnittlauch abbrausen, trockenschütteln und in Röllchen schneiden. Den Quark mit dem Mineralwasser glattrühren, den Schnittlauch hinzufügen und mit Salz und Pfeffer abschmecken. Zu den Kräuterfrikadellen servieren. Dazu schmeckt Gurkensalat (siehe Seite 100).

# Register

# Impressum

Produktmanagement: Doreen Wolff
Textredaktion: Franziska Sorgenfrei
Korrektur: Susanne Langer
Layout und Satz: Silke Schüler
Umschlaggestaltung: Verena Metz,
*zeichenpool, München unter der
Verwendung von Fotos von Maria Brinkop
Repro: Repro Ludwig, Zell am See
Herstellung: Barbara Uhlig

Texte und Rezepte: Margit Proebst
Fotografie: Maria Brinkop, außer Shutterstock:
S. 5 (VIKUSCHKA); S. 9 (Elena Shashkina);
S. 11 (Oleksandra Naumenko); S. 12 (Ingrid
Balabanova); S. 13 o. l. (Shaiith); S. 13 o. r. (mar-
cin jucha), S. 13 u. (frank60); S. 14 (hiphoto);
S. 15 (Roman Debree)

Printed in Slovenia by Florjancic Tisk d.o.o.

Unser komplettes Programm finden Sie unter:

 www.christian-verlag.de

Alle Angaben dieses Werkes wurden von der Autorin sorgfältig recherchiert und auf den neuesten Stand gebracht sowie vom Verlag geprüft. Für die Richtigkeit der Angaben kann jedoch keine Haftung übernommen werden.

Die Deutsche Nationalbibliothek verzeichnet diese Publikation in der Deutschen National-bibliografie; detaillierte bibliografische Daten sind im Internet über http://dnb.d-nb.de abrufbar.

ISBN 978-3-95961-222-7

**Sind Sie mit diesem Titel zufrieden? Dann würden wir uns über Ihre Weiterempfehlung freuen.**
Erzählen Sie es im Freundeskreis, berichten Sie Ihrem Buchhändler oder bewerten Sie bei Onlinekauf. Und wenn Sie Kritik, Korrekturen, Aktualisierungen haben, freuen wir uns über Ihre Nachricht an Christian Verlag, Postfach 40 02 09, D-80702 München oder per E-Mail an lektorat@verlagshaus.de

Wir bedanken uns ganz herzlich bei »Nostalgie im Kinderzimmer« für die freundliche Unterstützung mit Produkten aus ihrem Sortiment.
www.nostalgieimkinderzimmer.de

**Die aufgeführten Rezept-Varianten beziehen sich immer auf das darüber-stehende Rezept, ebenso die Zeitangaben.**

*Mitmachen & mitreden – gemeinsam mit uns Koch- und Ernährungsbücher gestalten! Für Sie ist Kochen viel mehr als nur Zubereitung von Nahrung? Kochen ist Ihre Leidenschaft! Dann haben wir Sie für unser neues Christian Verlag-Kundenpanel Koch- und Ernährungsbuch gefunden! Machen Sie mit:*

 *http://christian-verlag.de/kundenpanel*